感染症と
教育

私たちは新型コロナから
何を学んだのか

朝岡幸彦・水谷哲也・岡田知弘 編著

自治体研究社

はしがき

　世界が大きく変わろうとしている時代に生きている人は、それをどのように感じていたのでしょうか。この百年間にも、関東大震災、第2次世界大戦、冷戦終結、東日本大震災と原発事故など、私たちの世界の枠組みを変える大きな出来事がありました。新型コロナウイルス感染症（COVID-19）のパンデミックも、おそらく後世の人たちは一つの転機と考える可能性があります。2019年の暮れから現在（2024年初め）まで4年間にわたって猛威をふるってきた新型コロナも、ようやく「収束」し始めているように見えます。これは私たちが新型コロナを克服したのではなく、インフルエンザと同じようにある種の「共生」を始めていると考える方が正確なのかもしれません。

　いずれにせよ、私たちはそろそろ新型コロナについて〈事実〉を整理して、それを〈解釈〉することが求められる段階に入ったと考えられます。本書は、「感染症と教育」というタイトルにあるように、新型コロナが（日本の）教育にどのような影響を与えたのか、という切り口から中間的な総括をしようとしています。教育学者を中心に、ウイルス学、地域経済学・地方自治論、法学、倫理学の専門家にも加わってもらいながら、記録すべき〈事実〉を視点とともにまとめようとしています。

　さらに何年か後には、歴史家によって新型コロナについて多くの〈事実〉が精査されながら、より包括的な〈解釈〉がなされるはずです。しかし、その時、その直後でなければ記録されず、失われてしまう記憶や〈事実〉も多くあります。いま私たちが次の世代のために、また歴史家の研究の一助とするために本書を上梓します。

朝岡幸彦

目　次

感染症と教育
私たちは新型コロナから何を学んだのか

第1章

私たちは新型コロナから何を学ぶのか

1 「シン・管理主義」教育の時代と新型コロナ

　新型コロナウイルス感染症（COVID-19）のパンデミック（2019年～2024年・現在）が、私たちの生きている世界に大きな影響を与えたのは間違いありません。新型コロナの感染者数は全世界で6億7657万149人、死者は688万1802人と推計されています（2023年3月10日14時時点／アメリカのジョンズ・ホプキンス大学が集計する世界の感染者数のデータ）。ほぼ100年前、第1次世界大戦末期に拡がりはじめ、世界人口の3分の1ないし4分の1（約5億人）が感染し、推計値に幅があるものの約1700万人から1億人が死亡したといわれている「スペイン風邪（スペイン・インフルエンザ）」に比肩される大きな被害をもたらしました。「スペイン風邪」の当時には存在しなかった検査・ワクチン・治療薬が、新型コロナでは次第に開発・配布・使用されることで死者数を抑え込んでいるものの、感染者の増加によって変異を繰り返すウイルスを「終息」させることはできていません。

　新型コロナは学校をはじめとした教育にも大きな影響を与えました。とりわけ、一斉休校の実施によって13カ国で2億9000万人の子どもが影響を受け、「教育の不平等を悪化させる」とユネスコは警告しまし

た（2020年3月5日）。これまでの厄災がそうであったように、パンデミックは私たちにまったく新たな課題を突きつけるというよりも、それまでの課題の「解決」を一気に進めようとする傾向があります。その意味では、日本の学校教育や社会教育に新型コロナのパンデミックが与えた影響を、戦後の教育政策の流れの中で何が課題として認識され、それをどのように「解決」しようとしていたのかという文脈で理解する必要があります。ここではまず、パンデミック直前の学校教育をめぐる政策とその課題を振り返ります。

　小国喜弘『戦後教育史』（中央公論新社、2023年）は、2006年以降の学校教育を「基本的には子ども受難の時代」としています。この時期の（学校）教育政策を、①教育基本法改正の影響、②全国学力テストの導入、③規範重視－スタンダード、ゼロトレランス方式、④道徳の教科化、教科書検定の統制強化、と分析します。こうした政策を「子どもの貧困問題が改めて注目され、社会問題となった時代に進行した教育政策は、あるべき規範を定め、そこに子どもたちを適応させていこうとする教育だった」と特徴づけます。さらに、「第五期科学技術基本計画」（2016年、閣議決定）に基づく「Society 5.0に向けた人材育成」（2018年、文科省）や「未来の教室」プロジェクト（2016年、経産省）が進めようとしてきた教育のAI化が、「コロナ禍の全国一斉休校によって一気に現実のものとなった」と指摘しています。公立学校の児童・生徒のすべてに一人一台のタブレットを配布した「GIGAスクール構想」の前倒し（2020年度完了）は、それを象徴するものでした。

　新型コロナのパンデミックによって前倒しされた教育のAI化は、教師の多忙化・教員不足問題と関連しながら、2006年以降の教育政策を新たな次元の「シン・管理主義」教育へと変容させようとしているように見えます。ChatGPTに代表される生成AIの急速な進歩と活用は、教師に求められた学力の向上を中心とした役割をAIに置き換え

て「個別最適化された学習」を実現する可能性を持っています。その結果、教師の役割を、より一層、国家や社会が求める規範を子どもたちに指導する「現場監督」か「管理者」に遷移させていくのではないかと危惧されるのです。これが約30万人に達した不登校の小・中学生の存在をさらに増加させる危険性があるだけでなく（文科省「児童生徒の問題行動・不登校調査」2022年度）、一斉授業方式を前提とした近代以降の学校教育のあり方そのものを変容させる可能性があります。

2　新型コロナに学校はどう対応したのか

(1) 学校一斉休校の背景

　それまで教育委員会や学校の判断を尊重するかたちですすめられてきた学校等の教育現場における新型コロナ対応に、一律の対応を迫ったものが安倍晋三首相（当時）による「全国一斉学校臨時休校」の要請（2020年2月27日）でした。この「全国一斉休校」の要請に至る経緯を『新型コロナ対応民間臨時調査会　調査・検証報告書』（アジア・パシフィック・イニシアティブ、2020年10月）は、「専門家の発信に影響された政策決定」の典型的な事例として分析しています。

　専門家会議は、2020年2月24日に「新型コロナウイルス感染症対策の基本方針の具体化に向けた専門家の見解」を出し、その記者会見において尾身茂副座長が「コロナウイルスに対する戦いが今、まさに正念場というか今まさに瀬戸際に来ている」と見解を示しました。専門家会議による「瀬戸際」発言は「全国一斉休校」の要請を想定していませんでした（「学校閉鎖はあまり意味がない」との発言が勉強会でもありました）が、この発言を深刻に受け取った安倍首相が首相補佐官のアイデアをそのまま要請として発言したようです。政府対策本部（第13回）で策定した「基本方針」（2月25日）での全国一律の自粛要請を

行わないという方針が、翌日の政府対策本部（第14回）席上で「突然の変更」をされたことに出席者は戸惑い、現場は混乱を極めたと証言されています。

　文部科学事務次官通知（2月28日）にあるように、公立学校の臨時休業は学校保健安全法第20条の規定に基づいて「学校の設置者」が行うものとされており、全国一律の「一斉休校」を要請する権限は首相にも自治体の首長にも存在しません。法的な根拠のない安倍首相からの休業要請であったにもかかわらず、公立学校のほぼ99％が臨時休業したのです（文科省、2020年3月4日（水）8時時点・暫定集計）。

　萩生田光一文科相（当時）は慎重な姿勢をみせ、文部科学省（以下、文科省）として「全国一斉休校」の必要はないと考えていると申し入れたものの、官邸は「全国一斉休校」実施に向けて調整をすすめました。2月27日の政府対策本部（第15回）において、安倍首相は「全国すべての小学校、中学校、高等学校、特別支援学校について、来週3月2日から春休みまで、臨時休業を行うよう」要請しました。この時点でも、萩生田文科相は春休みの前倒し（春休み時に授業が可能）と理解していたのに対して、安倍首相が「ずっと閉じます」と発言したことで「全国一斉休校」の意味が政権内で十分に整理されないまま行われたのです。

　このように専門家会議でも疫学的な観点から効果に疑問が出され、学校を所管する文科省の意図とも異なる形で唐突に提起された「全国一斉休校」の要請は、学校教育現場に多くの混乱をもたらしました。日本小児科学会による病院アンケート調査（全国の約150病院、2020年1月から10月上旬に感染した472人の子ども）の結果から、感染場所の8割が家庭で、学校や保育園・幼稚園は約1割にすぎなかったことが明らかとなっています（東京新聞、2020年11月1日付）。その後、2020年6月から2021年1月までに新型コロナに感染した児童生徒の約半数

（6394 人）が、全国的な感染者の増加に比例して 2021 年 1 月上中旬に感染していると文科省が公表する（2 月 26 日）など、学校の再開・休業と別の要因で感染しているとも考えられました（朝日新聞、2021 年 2 月 27 日付）。

(2) 文科省の初期の対応

　2020 年 1 月 24 日に新型コロナウイルス感染症関連では文科省としてはじめて、「新型コロナウイルスに関連した感染症対策に関する対応について（依頼）」が出されました。また、感染法上の指定感染症に指定する政令が公布（1 月 28 日）されたことを受けて、「新型コロナウイルス感染症の『指定感染症』への指定を受けた学校保健安全法上の対応について」を出して「校長は、当該感染症にかかった児童生徒等があるときは、治癒するまで出席を停止させることができる」としたのです。

　2 月 17 日に公表された「相談・受診の目安」（厚生労働省）を受けて、文科省健康教育・食育課は「学校における新型コロナウイルスに関連した感染症対策について」（2 月 18 日）を通知しています。ここで注目されることは、「教育委員会や学校等の判断で、独自の基準等を設けている場合は、当該運用に従っていただいて構いません」としていることです。後に問題となる「全国一斉休校」のような一律の「要請」ではなく、少なくともこの時点では教育委員会や学校ごとの判断が尊重されていたのです。こうした地域や学校の判断を尊重する姿勢は、政府対策本部の「基本方針」（2 月 25 日）を受けた「学校の卒業式・入学式等の開催に関する考え方について」でも、学校の卒業式や入学式等について「一律の自粛要請」ではなく「感染が発生している地域」で「学校の設置者」が実施方法の変更や延期等を検討する形で踏襲されました。

しかしながら、安倍首相によるイベントの中止・延期等に関する要請（2月26日）と「全国一斉休校」の要請（2月27日）は、文科省の対応を一変させました。

　2月26日に文科省地域学習推進課は「社会教育施設において行われるイベント・講座等の開催に関する考え方について」を、文化庁政策課長も「各種文化イベントの開催に関する考え方について」を出して、「今後2週間に予定されているもの」について「中止、延期又は規模縮小等の対応」を要請しています。2020年2月28日には、文科省事務次官が「新型コロナウイルス感染症対策のための小学校、中学校、高等学校及び特別支援学校等における一斉臨時休業について（通知）」で、小・中・高校と特別支援学校等に「本年3月2日（月）から春季休業の開始日までの間」、学校保健安全法第20条に基づく臨時休業を行うよう通知しました。

　臨時休業にともなう学習支援について、2020年3月2日に文科省が「新型コロナウイルス感染症対策のための臨時休業期間における学習支援コンテンツポータルサイトの開設について」で「臨時休業期間における学習支援コンテンツポータルサイト」の開設を通知しました。他方で、文科省と厚生労働省の連名で「新型コロナウイルス感染症防止のための小学校等の臨時休業に関連した放課後児童クラブ等の活用による子どもの居場所の確保について（依頼）」（3月2日）を出して、放課後児童健全育成事業や放課後等デイサービス事業を「原則として開所」することを求め、教職員が放課後児童クラブ等における業務に携わることや学校に子どもの居場所を確保すること、教室・図書館・体育館・校庭等の活用を積極的に推進することを認めたのです。

　3月5日には文科省からより包括的な「新型コロナウイルス感染症対策のための小学校、中学校、高等学校及び特別支援学校等における一斉臨時休業に関するQ&A」が出され、状況の変化に合わせて更新

が繰り返されるようになりました。

　その後、3月24日に「新型コロナウイルス感染症に対応した学校再開ガイドライン」が出され、緊急事態宣言の解除に合わせて各教育委員会の判断で時差登校、時間短縮等の経過措置をとりながら、次第に通常授業に戻ってきました。

(3) 新型コロナによる学校臨時休業

　新型コロナの感染対策のための学校臨時休業は、「全国一斉休校」の要請（2020年2月27日）に基づく休業後も、第6波（東京都では2022年1月21日～3月21日にまん延防止等重点措置）の時に「特定の学年・学級の臨時休業」という形で増えていました（表1-1）。

　文科省が公表している「新型コロナウイルス感染症対策のための小・中・高等学校等における臨時休業の状況について」等の調査結果によると、「全国一斉休校」時（2020年3月2日～5月24日）の臨時休業の割合は、公立小学校98.8％（3/4）→99％（3/16）→95％（4/22）→88％（5/11）、公立中学校99％（3/4）→99％（3/16）→95％（4/22）→88％（5/11）、公立高校99％（3/4）→98.8％（3/16）→97％（4/22）→90％（5/11）、特別支援学校94.8％（3/4）→97.6％（3/16）→96％（4/22）→90％（5/11）、私立学校90.3％（3/4）→97.8％（3/16）→82％（4/22）→76％（5/11）、でした。これが6月1日時点の調査では、小学校99％、中学校99％、高校100％、特別支援学校98％、私立学校96％が「再開」しているため、全国一斉休校は5月末には終了していたと考えられます。しかし、2020年4月10日の調査では、「新学期の教育活動を開始した学校」が小学校33％、中学校34％、高校39％、特別支援学校31％、私立学校49％となっているため、全国一斉休校期間中にも学校を一時的に再開したり、登校日、分散登校、短縮授業などの形がとられた可能性があります。

表1-1　新型コロナウイルス感染症対策のための

		小学校		中学校		義務教育学校	
2020 年　3 月　4 日		18,923	98.8%	9,124	99%		
3 月 16 日		18,953	99%	9,167	99%	89	98.9%
4 月　6 日＊1			64%		56%		67%
4 月 10 日＊2			33%		34%		45%
4 月 22 日			95%		95%		95%
5 月 11 日			88%		88%		87%
6 月　1 日＊3			99%		99%		97%
2022 年　1 月 26 日＊4A		3,044	16.2%	1,038	11.4%		
1 月 26 日＊4B		653	3.5%	219	3.5%		
2 月　9 日＊4A		3,353	17.8%	966	10.6%		
2 月　9 日＊4B		545	2.9%	68	0.7%		
2 月 22 日＊4A		2,895	15.4%	693	7.6%		
2 月 22 日＊4B		165	0.9%	43	0.5%		
3 月　9 日＊4A		2,329	12.4%	493	12.4%		
3 月　9 日＊4B		86	0.5%	19	0.2%		
4 月 11 日＊4A		443	2.4%	126	1.4%		
4 月 11 日＊4B		38	0.2%	21	0.2%		
5 月　9 日＊4A		348	1.9%	128	1.4%		
5 月　9 日＊4B		10	0.1%	7	0.1%		
6 月 13 日＊4A		405	2.2%	95	1.1%		
6 月 13 日＊4B		26	0.1%	10	0.1%		
7 月 13 日＊4A		1,717	9%	564	6.2%		
7 月 13 日＊4B		49	0.3%	24	0.3%		
9 月　1 日＊4A		456	2.4%	140	1.5%		
9 月　1 日＊4B		13	0.1%	4	0.04%		
10 月　3 日＊4A		422	2.3%	121	1.3%		
10 月　3 日＊4B		8	0.04%	6	0.1%		
11 月　1 日＊4A		828	4.5%	376	4.2%		
11 月　1 日＊4B		28	0.2%	19	0.2%		
12 月　1 日＊4A		1,159	6.2%	301	3.3%		
12 月　1 日＊4B		18	0.1%	2	0.02%		
2023 年　1 月 10 日＊4A		31	0.2%	18	0.2%		
1 月 10 日＊4B		4	0.02%	0	0%		
2 月　1 日＊4A		670	3.6%	151	1.7%		
2 月　1 日＊4B		12	0.1%	0	0%		
3 月　1 日＊4A		89	0.5%	36	0.4%		
3 月　1 日＊4B		6	0.03%	2	0.02%		
4 月 10 日＊4A		4	0.02%	2	0.02%		
4 月 10 日＊4B		0	0%	3	0.03%		

＊1 新学期の教育活動を予定どおり開始する学校の割合（国公私立学校）
＊2 新学期の教育活動を開始した学校の割合（国公私立学校）
＊3 再開している学校の割合
＊4A「特定の学年・学級の臨時休業を行っている学校」、B「学校全体の臨時休業を行っている学校」
出所：文科省「新型コロナウイルス感染症対策のための小・中・高等学校等における臨時休業の
　　　て」より作成。

小・中・高等学校等における臨時休業の状況

高等学校		中等教育学校		特別支援学校		国立学校		私立学校	
3,314	99%			869	94.8%	154	100%	1,754	90.3%
3,511	98.8%	32	100%	1,055	97.6%	206	100%	2,369	97.8%
	61%		63%		63%		57%		84%
	39%		40%		31%		30%		49%
	97%		100%		96%		98%		82%
	90%		100%		90%		87%		76%
	100%		100%		98%		95%		96%
510	14.3%			94	8.6%				
127	3.6%			40	3.7%				
375	10.5%			139	12.7%				
19	0.5%			15	1.4%				
180	5.1%			114	10.4%				
17	0.5%			9	0.8%				
75	2.1%			74	6.8%				
32	0.9%			5	0.5%				
92	2.6%			35	3.2%				
10	0.3%			4	0.4%				
80	2.3%			19	1.7%				
8	0.2%			0	0%				
32	0.9%			23	2.0%				
1	0.03%			1	0.1%				
167	4.7%			47	4.2%				
5	0.15%			2	0.2%				
68	1.9%			21	1.9%				
7	0.2%			3	0.3%				
60	1.7%			14	1.3%				
2	0.1%			0	0%				
169	4.8%			20	1.8%				
6	0.2%			0	0%				
130	3.7%			28	2.5%				
5	0.1%			0	0%				
5	0.1%			2	0.2%				
0	0%			0	0%				
40	1.1%			14	1.3%				
1	0.03%			0	0%				
4	0.1%			2	0.2%				
0	0%			0	0%				
0	0%			0	0%				
0	0%			0	0%				

状況について」「新型コロナウイルス感染症の影響による公立学校臨時休業状況調査の結果につい

「新型コロナウイルス感染症の影響を踏まえた公立学校における学習指導等に関する状況について」（2020年7月17日、文科省）では、6月23日時点での「4月1日以降の臨時休業の実施日数」の調査結果が公表されています。小学校（1733校）では、未実施1％、1～10日12％、11～20日20％、21～30日31％、31～40日35％、41～50日1％でした。中学校（1763校）では、未実施1％、1～10日12％、11～20日20％、21～30日32％、31～40日34％、41～50日1％でした。高校（154校）では、未実施0％、1～10日8％、11～20日12％、21～30日35％、31～40日44％、41～50日1％でした。このように「全国一斉休校」期間（2020年3月2日～5月24日）と考えられる時期でも、小・中学校の2/3が21～40日の臨時休業を実施し、約1割の学校が10日未満でした。これは「一斉休校」への取り組みに、地域や学校ごとに大きな差があることを示しています。
　「全国一斉休校」後にも新型コロナの感染が学校運営に影響を与えており、2021年9月9日に決定された新型インフルエンザ等対策特別措置法に基づく緊急事態宣言の期間延長の影響を調査した「新型コロナウイルス感染症の影響を踏まえた新学期への対応等に関する状況調査（第2回）の結果について」（2021年9月17日、文科省）では、「令和3年9月13日時点の学校の運営状況別設置者数」（1724学校）が公表されています。「夏季休業の延長又は臨時休業を実施している」小学校53（3.2％）、中学校60（3.7％）、高校6（4.2％）であり、「短縮授業又は分散登校を実施している」小学校194（11.8％）、中学校189（11.6％）、高校44（30.6％）でした。8月以降の夏季休業の延長又は臨時休業の平均日数は小学校6.8日、中学校6.9日、高校7.1日で、短縮授業又は分散登校の平均日数は小学校10.7日、中学校10.6日、高校15.8日でした。これらの数字は学校数ではなく設置者数ですので臨時休業等を実施した学校の割合を示すものではありませんが、第4・5波のも

とでも新型コロナの感染拡大によって学校が影響を受けていたことが
わかります。

さらに、表1－1のとおり、第6波の臨時休業のピークと思われる
2022年2月9日時点における「特定の学年・学級の臨時休業」が小学
校17.8％、中学校10.6％、高校10.5％、特別支援学校12.7％となって
おり、児童・生徒を中心に新型コロナへの感染が広がっていたことが
わかります。また、小学校・中学校における学年・学級閉鎖が2023年
4月10日時点でもあることから、学校における感染が5類移行（2023
年5月8日）直前の第8波まで続いていたようです。

③　新型コロナの経験から何を学ぶのか

(1)「日本モデル」とは何か

新型コロナウイルス感染症の感染は、2023年10月現在まで第9波
に及んでいます。4年間にわたる感染の拡大は、私たちの社会を急速
に変容させているように見えます。新型コロナの「収束」後の社会の
あり方には、世界に共通するものと、国や地域によって異なるものと
があるはずです。それは、それぞれの国や地域の風土や文化に依拠す
るだけではなく、新型コロナへの国家（政府）の対応の仕方に起因す
るものです。

日本政府が独自の対応で当初の新型コロナ対策に「成功」したと評
価したものが、第1波時の「日本モデル」と呼ばれるものです。当時の
安倍首相は「我が国では、緊急事態を宣言しても、罰則を伴う強制的
な外出規制などを実施することはできません。それでも、そうした日
本ならではのやり方で、わずか1カ月半で、今回の流行をほぼ収束さ
せることができました。正に、日本モデルの力を示したと思います」
と述べました。ここでいう「日本モデル」を『新型コロナ対応民間臨

時調査会　調査・検証報告書』は、以下の7点に整理しています。

　①中国及び欧州等由来の感染拡大を早期に検出したこと。

　②ダイアモンド・プリンセス号への対応の経験が活かされたこと。

　③国民皆保険による医療へのアクセスがよいこと、公私を問わず医療機関が充実し、地方においても医療レベルが高いことなどにより、流行初期の頃から感染者を早く探知できたこと。

　④全国に整備された保健所を中心とした地域の公衆衛生水準が高いこと。

　⑤市民の衛生意識の高さや（欧米等と比較した際の）もともとの生活習慣の違い。

　⑥政府や専門家会議からの行動変容の要請に対する国民の協力の度合いの高さ。

　特筆すべきこととして、⑦効果的なクラスター対策がなされたこと。

　はたして「日本モデル」が本当に存在したのか、それが効果を発揮したのかについて検証する必要がありますが、ここではその期間に「全国一斉休校」が実施されたことに注目します。

(2)　新型コロナの感染確認から5類移行まで

　新型コロナへの政府の対応を、次の7つの時期に区分して評価することができます（資料1）。

【第Ⅰ期（潜伏期）】2020年2月24日まで

　中国・武漢市における原因不明のウイルス性肺炎の発生が発表されたのは、2019年の大晦日（12月31日）でした。2020年1月15日に、武漢市に一時帰国していた日本国内最初の症例（患者）が発見され、1月21日に中国全土に「感染症危険情報レベル1」（渡航注意）を出し、新型コロナを感染法上の指定感染症に指定する政令を公布（1月28日）します。1月30日にはWHOがPHEIC（緊急事態）を宣言する（2月

11 日に COVID-19 と命名）とともに、新型コロナウイルス感染症対策本部第 1 回会合が開かれました。2 月 3 日に横浜港にダイヤモンド・プリンセス号が入港して臨時検疫を開始したことが、新たな展開をもたらします。2 月 13 日には国内初の死者が出るとともに、政府対策本部が「新型コロナウイルス感染症に関する緊急対応策」を決定（2 月 14 日に専門家会議を設置）し、新型コロナを検疫法第 34 条の指定感染症としたことを受けて、2 月 17 日に厚労省は「相談・受診の目安」（風邪症状や 37.5 度以上の熱が 4 日以上続く場合）を公表しました。

【第 II 期（拡大期）】2020 年 3 月 12 日まで

　2020 年 2 月 25 日に政府対策本部は「新型コロナウイルス感染症対策の基本方針」を決定し、「学校等における感染対策の方針の提示及び学校等の臨時休業等の適切な実施に関して都道府県等から設置者等に要請する」とされました。また、今後の進め方について「地方自治体が厚生労働省と相談しつつ判断するものとし、地域の実情に応じた最適な対策を講ずる。なお、対策の推進に当たっては、地方自治体等の関係者の意見をよく伺いながら進めることとする」と述べています。

　しかしながら、安倍首相は全国的なスポーツ・文化イベント等の 2 週間の中止、延期または規模縮小等の要請をした（2 月 26 日）ことに加えて、全国すべての小中高校と特別支援学校に対して 3 月 2 日から春休みに入るまでの臨時休業を要請しました（2 月 27 日）。この要請を受けて、3 月 4 日時点で全国の公立小学校の 98.8%、中学校の 99.0%、高等学校の 99.0%、特別支援学校の 94.8% が臨時休業を実施したのです。

　また、3 月 9 日には専門家会議が「新型コロナウイルス感染症対策の見解」を発表して、いわゆる「三密」（①換気の悪い密閉空間、②多くの人の密集場所、③近距離での会話や発声をする密接場面）の回避を呼びかけました。

【第Ⅲ期（規制強化期①）】2020 年 5 月 13 日まで

　政府は、社会的な緊張の高まりを受けて「新型インフルエンザ等対策特別措置法」の一部を改正しました（3 月 13 日公布）。3 月 26 日には特措法第 15 条に基づく政府対策本部が設置され、28 日に「新型コロナウイルス感染症対策の基本方針」が決定されています。

　2020 年 3 月中旬頃に「自粛疲れ」と呼ばれる緩みが生じる中で、吉村洋文大阪府知事の兵庫－大阪間の往来自粛要請（3 月 19 日）や小池百合子東京都知事の「ロックダウン」発言（3 月 23 日）、日本医師会の「医療危機的状況宣言」（4 月 1 日）などの社会的な危機感の高まりを受けて、4 月 7 日に 7 都府県（埼玉、千葉、東京、神奈川、大阪、兵庫、福岡）を対象に緊急事態宣言が発出され、4 月 16 日には全国に対象区域が拡大されました。宣言と同時に改定された基本的対処方針では「最低 7 割、極力 8 割程度」の接触機会の削減を目指すことが明記され、各都道府県知事と国との役割が曖昧さを残しながらも書き分けられました。その後、緊急経済対策や補正予算の成立を経て、専門家会議から「新しい生活様式」が公表されています（5 月 4 日）。

【第Ⅳ期（規制緩和期①②）】2021 年 1 月 6 日まで

　政府が 39 県の緊急事態宣言を解除（2020 年 5 月 14 日）して以降、全国での解除（5 月 25 日）を経て、次第に感染者数が増加する中でイベント開催制限の緩和（7 月 10 日）、GoTo キャンペーンの開始（7 月 22 日）など規制の緩和へと向かう状況がつくりだされました。

　2020 年 8 月 1 日以降、GoTo トラベルのほか、Go To Eat、Go To 商店街などの経済策が打ち出されるなか、やがて 1 日当たり新規感染者数の更新が続き、2 回目の緊急事態宣言が求められ、2021 年 1 月 7 日政府から出されました。また、新型コロナウイルスをめぐる差別・偏見も、感染拡大とともに広がりました。

【第Ⅴ期（規制強化期②）】2021年3月21日まで

　当初2021年2月7日までを予定した2回目の緊急事態宣言でしたが、結局3月21日まで延長されました。1回目と違い2回目は「限定的、集中的」で、午後8時以降の外出自粛、飲食店などに営業時間の短縮を要請するものでした。その後、9都府県の各市に「まん延防止等重点措置」を適用しましたが十分な効果が見られなかったため、1都2府3県に3回目の緊急事態宣言を発令し、12県に重点措置を拡大しました。

【第Ⅵ期（迷走期①②）】2021年9月30日まで

　2021年3月21日に全国で緊急事態宣言を解除したものの、ふたたび地方大都市部での感染者の急増を受けて「まん延防止等重点措置」と緊急事態宣言を繰り返す事態となりました。1年遅れで東京オリンピック・パラリンピックを開催するためにワクチン接種を加速しますが、ワクチンの不足が明らかとなって接種が進まない状況のもとで、緊急事態宣言下の無観客での開催を行いました。

　感染者数の急増と自宅療養者の増加、「医療崩壊」の危機が迫る中で、菅義偉内閣と与党の支持率は急落します。パラリンピック期間中に感染者数は減少を見せはじめますが、重傷者数が過去最多を更新し続けました。こうした状況の中で、菅首相は自民党総裁としての再選を断念し、2021年10月4日に岸田文雄内閣が発足します。

【第Ⅶ期（オミクロン期）】現在（2024年1月）まで

　2022年11月7日に1年3カ月ぶりに国内での死者がゼロとなりました。その後、11月30日に国内で最初のオミクロン株が確認されて、現在まで強い感染力を持つ変異株の系統として優勢であり続けています。2022年1月には保育園や学校、介護施設等でクラスターが頻発し、学級・学年閉鎖や学校臨時休業が広がり、2022年1月21日には13都県で「まん延防止等重点措置」（その後18都道府県に拡大／3月21日ま

で）が適用されます（第6波）。6月10日から訪日客の受け入れ手続き
が再開され（上限1日2万人）ますが、7月20日には1日の感染者数が
15万人（過去最多）を超えて（第7波）、再び医療逼迫状況や搬送困難、
自宅療養が増加しました。しかしながら、濃厚接触者の待機期間の短
縮（3日間）や感染者の全数把握の簡略化、接触確認アプリCOCOAの
停止、全国旅行割引の再開、水際対策の大幅な緩和が続けられました。
その結果、コロナ致死率が低下し続けたものの年末年始にかけて感染
者が急増したこと（第8波）により、死者数が増え続けて6万人を超
える事態となりました。2023年1月27日には政府がマスクの着用を
個人の判断に委ねると発表し、同年5月8日に新型コロナは感染症法
の「5類」に移行しました。

(3) 「全国一斉休校」は正しかったのか

　「一斉休校」という「学ぶ」権利の制限が妥当なものといえるのかに
ついて、広瀬巌『パンデミックの倫理学』（勁草書房、2021年）の5つ
の「個人の権利と自由を実際に制限するにあたって明確にされるべき
基準」を参考にすることができます。

　①〈公衆衛生上の必要性〉「一斉休校」の公衆衛生上の必要性につい
て、専門家会議による「瀬戸際」見解は「全国一斉休校」の要請を想
定していなかったとの指摘があるように、必要性は少ないと判断でき
ます。また、新型コロナ以前の学校における「通常の感染対策」であ
る、校長や学校設置者の「出席停止や臨時休業」に関する判断や権限
を尊重して対応する形でも十分対応できた可能性があるのです。

　②〈手段が合理的かつ効果的である〉「一斉休校」の効果についても、
専門家会議や文科省の見解とのズレがある以上、疑わしかったといわ
ざるをえません。

　③〈制限と効果との釣り合いが取れている〉制限と効果とのバランス

については、当時（2020年2月末）の時点で児童・生徒が新型コロナのクラスターとなる可能性を排除できなかったものの、全国一律に休業するという措置が十分な効果をあげたとは考えられないのです。

　④〈分配的正義を考慮する〉「一斉休校」が新型コロナ治療の最前線にいる医療従事者だけでなく、低収入で不安定な雇用のもとで働いている親の負担を大きくしたことは確かであり、「社会的・経済的弱者に対してより多くのリスクと負担を求める」ことになりました。

　⑤〈信頼性と透明性がある〉「一斉休校」の判断根拠の提示や情報公開が不十分であったことは明らかでしょう。

　このように安倍首相による「全国一斉休校」の要請（2020年2月27日）は、「個人の権利と自由を実際に制限するにあたって明確にされるべき基準」のいずれも満たしているとは言いがたいものでした。さらに、法的な根拠を示さずに「要請」という方法で全国の学校に臨時休業を求めたことは、法的根拠を求めるシラクサ原則に照らしても妥当とはいえないものでした。

（本章の原稿は、朝岡幸彦編『学校一斉休校は正しかったのか？』筑波書房、2021年に掲載された原稿の一部をもとに加筆修正したものです）

引用・参考文献
朝岡幸彦編著『学校一斉休校は正しかったのか？』（筑波書房、2021年）
小国喜弘『戦後教育史』（中央公論新社、2023年）
広瀬巌『パンデミックの倫理学』（勁草書房、2021年）

（朝岡幸彦）

第2章

コロナウイルスとは何なのか、何だったのか

1 新型コロナウイルス（SARS-CoV2）とは

(1) 新型コロナウイルスを振り返る

　2023年10月現在の日本は新型コロナウイルス感染症（COVID-19）の第9波のまっただ中にいます。2023年5月に感染症法の2類相当から5類へ移行して全感染者を把握することができなくなったので、実際の感染者はこれまでの波よりも多いかもしれません。しかし、第9波を形成していることは明らかです。また、世界でも同じような状況の国はあると考えられます。これからも新型コロナは何度かの波を形成していく可能性はあります。5類に移行して新型コロナウイルスの取り扱いや人々の意識が変化したこの時期こそ、新型コロナウイルスとは何だったのかを改めて振り返る良い機会です。著者は大学生のころからマウスのコロナウイルス（マウス肝炎ウイルス）を研究し、2003年には国立感染症研究所においてSARSコロナウイルスの研究をしていました。そして現在、東京農工大学では未知のウイルスや動物のコロナウイルスに関する研究を行っています。この項ではウイルス学や感染症学、獣医学の立場から新型コロナウイルスの実像に迫ってみたいと思います。

(2) 動物のコロナウイルス感染症は深刻

　コロナウイルスは全世界の人にとっては聞きなれないウイルス名だ
ったのかもしれません。しかし、2002 年に SARS（SARS コロナウイル
ス）は出現しており、2012 年には MERS（MERS コロナウイルス）が出
現しています。いまは SARS の起こした現象を覚えている人は少ない
と思われますが、SARS は世界を席捲するほどの脅威的なウイルス感
染症でした。SARS 以前の医学におけるコロナウイルスの立ち位置は
風邪を起こすウイルスでした。風邪（呼吸器症状）を起こすウイルスの
代表はインフルエンザウイルスですが、コロナウイルスが起こす症状
はインフルエンザに比べると軽症なので、コロナウイルスが検査され
ることはほとんどありませんでした。つまり医学的にはコロナウイル
スはノーマークのウイルスでした。

　一方、獣医学におけるコロナウイルスの地位は高かったのです。
1964 年、人に感染するコロナウイルスが初めて電子顕微鏡によって認
識されましたが、それ以前にマウスに感染するマウス肝炎ウイルスや
豚に感染する豚伝染性胃腸炎ウイルスのようなコロナウイルスの電子
顕微鏡像が報告されていました。図 2−1 に動物のコロナウイルスを挙
げました。そのころ、マウス肝炎ウイルスはコロナウイルスのプロト
タイプとして君臨していましたが、現在はその地位を新型コロナウイ
ルスに明け渡しています。マウス肝炎ウイルスは実験動物舎のマウス
で 1 匹でも発生が認められると、動物舎全体のマウスを淘汰して消毒
しなければならないほど感染力が強いものです。人に感染するウイル
スの中で最も感染力が強いのはロタウイルスです。およそ 100 個のウ
イルスがあれば感染が成立します。一方、マウス肝炎ウイルスはおよ
そ 10 個あれば感染できるので、ウイルスの中で最も感染力の強いウイ
ルスです。ちなみに新型コロナウイルスは 1000 個から 1 万個あれば感
染できると推測されています。豚伝染性胃腸炎ウイルスは養豚場で問

```
                          ┌ αコロナウイルス属
                          │    ヒトコロナウイルス 229E、
                          │    ヒトコロナウイルス NL63
                          │    豚伝染性胃腸炎ウイルス、
                          │    豚流行性下痢ウイルス
                          │    猫伝染性腹膜炎ウイルス
              ┌ コロナウイルス亜科 ├ βコロナウイルス属
コロナウイルス科 ┤              │    SARS-CoV-2、SARS-CoV、MERS-CoV
              └ トロウイルス亜科  │    ヒトコロナウイルス OC43
                          │    ヒトコロナウイルス HKU1
                          │    マウス肝炎ウイルス、牛コロナウイルス
                          ├ γコロナウイルス属
                          │    鶏伝染性気管支炎ウイルス
                          └ δコロナウイルス属
```

図2-1　人と動物に感染するウイルス

注：最新の分類は ICTV のホームページを参照ください。

題となっていましたが、現代では別のコロナウイルス（豚流行性下痢ウ
イルス）の蔓延がしばしば問題になっています。このように豚にとっ
てコロナウイルスはやっかいなウイルスのひとつといえましょう。さ
らに、牛農場では牛コロナウイルス感染症、養鶏場では鶏伝染性気管
支炎ウイルス、飼い猫では猫伝染性腹膜炎ウイルスなどの重症化する
コロナウイルス感染症がいまでも流行しています。

2　コロナウイルスの優位性と変異

(1) コロナウイルスの優位性

　このように人に感染するコロナウイルスが発見される前から、動物
ではコロナウイルスは重要なウイルスとして扱われていました。ウイ
ルス学の観点からもコロナウイルスは大変興味深いウイルスです。以
下の解説は、なぜ新型コロナウイルスが世界中に蔓延したかのヒント
にもなるかもしれません。そもそもコロナウイルスとは分類上でコロ
ナウイルス科を指していっていますが、コロナウイルス科のウイルス

ゲノムは約3万塩基あり、RNA ウイルスの中で最長です。他のウイルスと比較してみましょう。日本脳炎ウイルスやポリオウイルスなどのよく知られているウイルスのゲノム長は1万塩基以下です。

　一般のウイルスの3倍以上の長さのゲノムを持つことがコロナウイルスにどのような利点をもたらすのでしょうか。まず、ゲノムが長いということは、それだけ多くの種類のタンパク質を作れるということです。それぞれのタンパク質はウイルスの複製に関与でき、細胞側がウイルスを駆逐しようとする作用（たとえばインターフェロンの産生）から防御できます。つまり、コロナウイルスは他のウイルスに比べると細胞内で優位に増殖できる能力が備わっているということになります。また、次に述べるようにコロナウイルスは変異の少ないウイルスです。このことは世間のコロナウイルスに対する評価と異なるかもしれません。

(2)　変異はウイルスに不利な現象

　新型コロナウイルスは、いわゆる武漢株として出現し欧州株を経てアルファ、ベータ、ガンマ、デルタ、オミクロン株が次々と出現していきました。実際にはアルファ株からデルタ株の出現はこの順番ではありません。世間的には新型コロナウイルスは非常に変異しやすいウイルスと認識されています。しかし、ウイルス学的にはコロナウイルスは変異を修復する酵素を持っていることから、変異しにくいウイルスといえます。一般に RNA ウイルスは変異の修復酵素を持っていませんが、コロナウイルスだけはそれを持っています。このことは上述のゲノムが長いことと関係しています。

　世間的にはウイルスが変異するということは、ウイルスにとって有利に働くと考えられているようです。しかし、実際には逆です。例えば、プロゴルファーがスウィングフォームを少しだけ改造しただけで

スランプに陥ってしまうようなものです。変異とは複製のミスです。3万塩基あるコロナウイルスのゲノムの1つの塩基に間違いが生じるだけで、ウイルスの複製効率は悪くなります。もしくは複製できなくなってしまいます。その理由は、現時点のウイルスは複製のベストパフォーマンスをしているからです。さらに複製効率を上げることは至難の業です。ウイルスは自らの意思で変異を起こしているわけではなく、偶然のミス（塩基の取り込みエラー）の結果として変異が起こるのです。ということは、多くの変異ウイルスは複製効率が改悪されるために生き残れず、偶然に複製効率の改良された変異ウイルスが変異前のウイルスにとって代わるということになります。

　重要なことは、私たちは変異の結果として生き残ったウイルスを見ているだけで、出来損ないの変異ウイルスは人知れず消滅していっているということです。コロナウイルスの場合、ゲノムが長いために変異の入る箇所が多いのです。変異を修復する酵素がなければ、複製効率の悪い変異ウイルスが蓄積されてしまいます。コロナウイルスは修復酵素を獲得することで長いゲノムを維持できたのではないでしょうか。

(3) それでもコロナウイルスは変異する

　コロナウイルスは変異の少ないウイルスなのに、なぜ数多くの変異ウイルスが出現したのでしょうか。3つの主な理由が考えられます。

　1つめはコロナウイルスの修復酵素の能力です。マウス肝炎ウイルスの研究では、修復酵素を欠損させてやると約15倍変異率が高まることがわかっています。新型コロナウイルスの修復効率も大差ないと考えられます。つまり、コロナウイルスの修復酵素は完璧ではなく、修復できないケースも出てくるということです。もし、完璧な修復酵素を持ってしまうと、免疫から逃れられず死滅する運命をたどってしま

うのかもしれません。

　2つめの理由は感染者数が非常に多いことです。2023年9月現在、全世界で7億以上の人が感染したことになっています。感染者が多いということは細胞内で複製しているウイルスが多いことになり、変異のチャンスも増えることになります。

　3つめの理由は新型コロナウイルス感染症の致死率が高くないことです。これには異論があるかもしれません。ウイルス感染症の致死率を比較すると、現在の新型コロナウイルスは0.1から0.2％の致死率です。狂犬病の致死率は100％、ニパウイルス感染症は約50％と非常に高いです。SARSは約10％です。日本でも発生のみられる重症熱性血小板減少症候群は約20％の致死率です。新型コロナウイルス感染症では無症状から軽症、重症まで様々な症状を呈しており、無症状や軽症の感染者が比較的多いことが世界的な蔓延を許してしまい、変異ウイルスを生んでいると考えられます。

③　新型コロナウイルスの感染現象から読み解く

(1) 新型コロナウイルスの侵入

　ここからは新型コロナウイルス感染症をめぐる日本の動きをまとめた巻末の表と図2−2に基づき、ウイルス学と感染症学の観点から新型コロナウイルスという現象を振り返ってみましょう。2020年1月15日に国内で初めて感染者が確認されました。これは新型コロナウイルスのPCR検査で確認されたということです。感染症学の観点では、最初の感染者が確認されたころにはすでに複数名の感染者が存在していると考えるのが一般的です。特に呼吸器感染症のように飛沫感染や空気感染を起こすウイルスは同時に複数の人に感染させる可能性が高いので、最初の感染者が確認された時点ですでに蔓延している可能性は高

いといえます。この第Ⅰ期には、中国湖北省への渡航禁止の勧告（2020年1月24日）、湖北省からの入国拒否を表明（同年1月31日）、ダイヤモンドプリンセス号の乗客乗員の船内待機を決定（同年2月5日）というように段階的に防疫措置を実施していました。極論ですが、海外で発生した感染症を日本国内で流行させない方法は人を含めた海外からの流入を完璧に阻止することに尽きます。新型コロナウイルスは人を含めた哺乳類に感染し、鳥類や爬虫類、両生類、魚類、昆虫類には感染しません。したがって、入国禁止と動物輸入禁止措置を徹底して行うことにより、国内へのウイルス流入は防ぐことができます。防疫における動物の輸入規制は意外に重要です。2003年アメリカ合衆国におけるサル痘の発生は、アフリカからサル痘ウイルスに感染した齧歯類を輸入したことから始まっています。ペットショップにおいて齧歯類からプレーリードックに感染し、プレーリードックを購入した人へ感染が広まっていったのです。

　一方、インフルエンザウイルスは人の入国や動物輸入の規制だけでは抑えきれないこともあります。日本で流行するインフルエンザは感染者が入国することで始まりますが、鳥インフルエンザは渡り鳥が鶏舎に侵入して鶏に感染させることが原因となります。前記の重症熱性血小板減少症候群ウイルスはダニが媒介しますが、日本への侵入は渡り鳥に付着していたダニが原因だったのかもしれません。生きている動物ではなく肉および肉製品がウイルスを運んでくることもあります。検疫所では肉製品からアフリカ豚コレラウイルスが検出されているので、近い将来日本の豚でも流行する危険性があります。第Ⅰ期においては新型コロナウイルスの感染経路など不明な点が多かったことが段階的な入国制限措置という判断になったと考えられますが、一気に完璧な鎖国体制をとることで国内への侵入は防ぐことができたのかもしれません。江戸時代の鎖国では長崎において貿易が行われていたよう

図 2 - 2　日本国内の感染

出所：厚生労働省データからわかる－新型コロナウイルス感染症情報より作成。

に、現代社会においても完全に国交を閉ざすことは不可能です。ちなみに江戸時代の狂犬病や痘瘡などの疫病は長崎を通じて侵入したとも考えられています。

(2) PCR を超える遺伝子検査は普及しない

　第Ⅱ期は拡大期でした。2020 年 2 月 27 日に首相が「全国一斉学校臨時休校」を要請していますが、この是非についての議論は他の筆者に譲ります。第Ⅱ期で著者が注目したいのは、2020 年 3 月 6 日に新型コロナウイルスの PCR 検査が公的医療保険適用になったことです。いうまでもないことですが、検査をしやすくすることにより感染者数を把握でき対策が立てられます。新型コロナの流行以前は国民の大半が

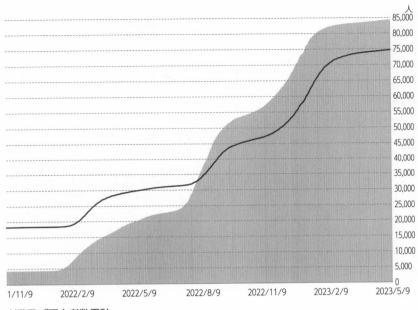

								人

者数及び死亡者数累計

PCR 検査のことを知りませんでしたが、いまでは PCR を知らない人を探す方が困難です。PCR 検査はそれほど国民の隅々にまで浸透しました。一方、生命科学の研究者の間では新型コロナウイルス感染症の流行以前から PCR を知らない者はいなかったといっても過言ではありません。

　ところで、PCR の原理を理解している人がどれほどいるのでしょうか。もちろん、研究者はその原理を理解していなければなりません。ここで PCR の簡単な復習をしておきましょう。PCR に限らず ELISA やイムノクロマトなどすべてのウイルス検査の基本は、目に見えないウイルスの可視化です。PCR はウイルスのゲノム（遺伝子）を可視化する反応です。1 本のゲノムは電子顕微鏡を使っても見ることはでき

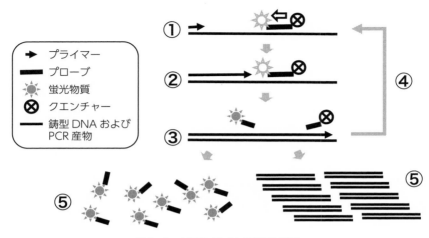

図 2-3　リアルタイム PCR の原理

①プライマーがゲノムに結合し PCR の伸長反応が始まる。このときプローブ上の蛍光はクエンチャーに打ち消されている。②伸長されたプライマーがプローブにぶつかる。③プローブが壊され、蛍光物質がクエンチャーから離れることで、蛍光を発する。④蛍光の増加は PCR 産物と相関がある。

ません（かろうじて見える場合もある）。ましてや光学顕微鏡では絶対に見えないのです。PCR はウイルスのゲノムを増幅する反応です。コンベンショナル PCR ではエチジウムブロマイドなどのインターカーレーターを増幅産物に取り込ませて、紫外線を当てることによって赤く光らせます。リアルタイム PCR はかなり技巧的です（**図 2-3**）。ウイルスゲノムを増幅させる過程で蛍光を発するように設計されたプローブを使います。ゲノムが増幅していくと蛍光が強くなっていきます。現代のウイルス検査ではリアルタイム PCR を用いています。PCR の検出感度は 10 ゲノム以上です。このことは 1 ゲノムを検出できないことを示しています。

　したがって、感染初期や感染後期のウイルス量が少ないときには検出できません。PCR は 1983 年に考案された歴史ある技術です。一方、パンデミックが起こると検出のイノベーションが起こり PCR を超える

検出技術が考案されてきました。新型コロナの流行下においても新しい検出方法が発表されていましたが、やはりPCRを超える方法はほとんど残りませんでした。PCRという技術は簡便さと検出感度において成熟していると考えられます。

(3) 家庭におけるマスク着用の意義

　第Ⅲ期から第Ⅳ期では緊急事態宣言が出されています（2020年4月7日）。同年3月15日から厚生労働省が「全国クラスターマップ」を公開し始めています。クラスターという用語は日常会話でもよく使われましたが、誤った認識もあったようです。厚労省の定義では「1か所で5人以上の感染者が発生し、接触歴が明らかである場合」としています。クラスターが発生しやすい場所は職場や学校です。多くの人が集まり会話が交わされれば、呼吸器感染症は自然に広まります。注意しておきたいことは、クラスターマップに示された場所はすでに過去において集団感染が発生したのであって、いまもウイルスが漂っているわけではないことです。ウイルスは軽いのでブラウン運動で移動します。唾液中に含まれ咳などで放出されたウイルスは唾液の水分により落下します。落下したウイルスは紫外線や温度、湿度の影響で不活化されていき感染力を失います。

　したがって、クラスターマップに示された場所ではすでに警戒されているので、その空間には感染性のウイルスが存在していないことになります。確かに職場や学校は感染が成立しやすい場所です。しかし、新型コロナウイルスの感染が最も成立したのは、家庭内です。道ですれ違う時にもマスクをして感染に気を付けていても、家庭でもマスクを着用していた人はほとんどいないでしょう。日本の平均的な家族は5人より少ないことからクラスターには表示されなかったことになります。もし、家庭内でのマスク着用を徹底していたら日本の感染者数

はある程度抑えられていたかもしれません。

(4) 経済に打撃を与えた新型コロナウイルス

　年表には書かれていませんが、2020年3月は歴史的な株価の下落があったことは記憶に新しいところです。株式市場に対する投資家の心理状態を数値化したVIX（Volatility Index）指数というものがあります。VIX指数はアメリカ合衆国の主要株価指数のひとつであるS&P500種株価指数の今後30日間の変動率を予測する指数です。このVIX指数は先行き不安やリスク回避姿勢が強まったときに変動するため、別名として恐怖指数と呼ばれています。

　過去にVIX指数が最も高値を付けたのが2008年10月のリーマンショックです（VIX＝96.40）。2001年9月のアメリカ合衆国同時多発テロは43.76、2022年2月ロシアのウクライナ侵攻では37.79でした。平時には10から20くらいの値です。新型コロナの流行が始まった2020年3月のVIX指数は85.47で、リーマンショックに迫る勢いでした。このころ世界的に株価が下落しましたが、日経平均ではマイナス30.6%でした（リーマンショックの下落率はマイナス51.3%）。25日間におよぶ下落の末に、奇跡ともいえる上昇を果たしていくのですが、このことはパンデミックが経済に大きな打撃を及ぼすことを証明してしまった典型例となりました。

　感染症は人や動物の健康を損ないますが、感染していない人にまで経済的な損失を与えてしまいます。報道記事から新型コロナによる経済損失をみてみましょう。国際通貨基金（IMF）の試算では2024年までに12兆5000億ドル以上の損失を見込んでいます（ロイター2022年1月21日）。ブルームバーグ社はニューヨーク市の在宅勤務による経済損失を年間124億ドルと推計しています（日本経済新聞2023年2月16日）。ニューヨーク市では飲食費などの支出が一人当たり年間4661ド

ル減少するようです。そのほか、学校閉鎖などによる学力低下が将来の労働に及ぼす損失、新型コロナによる後遺症を持った人の労働に対する損失なども推計されています。いうまでもないことですが、感染症の発生初動で食い止めることは、人の命と経済を守るために非常に重要です。

(5) 再感染の考えかた

　第Ⅳ期は GoTo トラベルや Go To Eat などの経済政策が次々と打ち出された時期でもありました。クラスターの発生を警告する一方で経済の危機を乗り切るための政策は、今から考えるとチグハグに思えますが、当時としてはやむを得ないものでした。その後の感染者数の推移が示すように、GoTo トラベルで人が移動すると感染者数は増加してしまいます。年表を見ると、政府は GoTo キャンペーンについて迷走していたことがよくわかります。

　第Ⅳ期は集団免疫についてよく検討されていた時期です。集団免疫はその国の人口の 6 割から 7 割が感染かワクチンで抗体を保有することで、感染症が収束に向かうという原理です。気を付けたいことは集団免疫が成立するとすぐに収束もしくは終息するわけではないことです。抗体を保有している人たちが感染拡大の防波堤となり、ウイルスが未感染の人へ感染するチャンスを減らすことに意義があります。私見ですが、2023 年になり日本は集団免疫の状態になったと考えています。それでは集団免疫を獲得したらどのように振舞えばよいのでしょうか。まず楽観視しないで医療体制を厳しく維持しておくことです。ウイルスの病原性は変わっていないので、未感染の人が感染したときの医療ケアは重要です。同時に、マスクや手洗いなどの基本的な感染症対策は維持すべきです。しかし、長期間にわたる感染症対策は人々のクオリティーオブライフを下げてしまうので、なかなか困難なこと

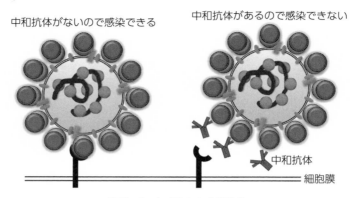

中和抗体がないので感染できる　　　　中和抗体があるので感染できない

中和抗体

細胞膜

図2−4　ウイルスと中和抗体

です。もっとも重要なことは感染者を増やさないことです。

　繰り返しますが、集団免疫を獲得しても感染者がすぐに減少するわけではありません。新型コロナのように感染者数の波を形成するタイプでは、集団免疫を獲得後も未感染者の感染による新たな波は形成されます。感染者数が増えるとウイルスに変異のチャンスを与えてしまいます。変異が起こると防波堤となっている抗体保有者にも感染するリスクが発生するのです。

　ウイルスの再感染についても勘違いが多いので解説しておきます。ウイルスが感染し回復した人には必ず中和抗体ができています。人や動物はウイルスタンパク質の様々な箇所に抗体を作りますが、ウイルスの感染を防御できる抗体を特に中和抗体と呼んでいます（**図2−4**）。当たり前のことですが、体内でウイルスが次々と作られると、それらのウイルスは次々と別の臓器の細胞に感染していきます。人や動物の体はウイルスに勝つために感染細胞内でウイルスを駆逐する機能をもっています（細胞性免疫など）。それでも増えてしまったウイルス粒子には中和抗体を使って攻撃していきます。つまり、中和抗体がないとウイルスとの闘いに負けて死亡するのです。つまり、ウイルス感染症

から回復した人や動物には中和抗体が存在しているのです。人や動物の体内ではウイルスが去ったあとにもB細胞がしばらく中和抗体を産生し、しかも次の感染に備えて中和抗体の作り方を記憶しています（メモリーB細胞）。それゆえ、何らかの理由で免疫力が落ちている状態や一度に大量のウイルスが侵入しない限りは、同じウイルスの再感染は起こりません。このことは同時にどんなウイルスも少数ではあるが再感染は起こることも示しています。実際に再感染を示す論文は多いのですが、どれもケースレポートです。ウイルスが大きく変異した場合には中和抗体の威力が及びにくくなるので感染は起こる場合があります（これは再感染とはいわない）。もし再感染することは多いという現象が成り立つのであれば、中和抗体を作ることを目的としているワクチンは無用の長物です。ワクチン接種は初感染の状態を作ることであることを再認識しましょう。

新型コロナウイルスはデルタ株以前とオミクロン株では抗原性が大きく変化しています。したがって、デルタ株以前の株では再感染せず、デルタ株で作られた中和抗体のオミクロン株に対する有効性は低いのです。集団免疫が成立した後に形成された感染の波による大きな変異は、防波堤となっている抗体保有者にも感染を許してしまうことになります。そのためにも感染者数を増やさず、ウイルスに変異のチャンスを与えないことは重要な感染症対策です。

(6) 高齢者の誤嚥性肺炎を対策する

第Ⅴ期は東京都に2回目の緊急事態宣言が出された時期でした。新型コロナウイルス感染症に対するワクチン接種も開始されました。2021年1月には世界の感染者が1億人を超えました。高齢者の感染者数と死亡者数の増加が目立ったのもこの時期です。性感染症を除くウイルス感染症において致死率が高いのは幼児か高齢者、あるいは両方

です。新型コロナでは高齢者の致死率が高いのです。その第1の理由は免疫力の低下です。これについての説明は不要でしょう。第2の理由は誤嚥性肺炎にあると考えられます。新型コロナウイルスは上気道にも下気道にも感染します。上気道は鼻や喉、下気道は肺を指しています。新型コロナは肺炎というイメージが強いのですが、多くの人は上気道の感染で終結します。しかし、大量のウイルスを肺まで吸い込むと肺炎を起こすことになります。また、新型コロナウイルスは口腔内でも増殖することがわかっています。高齢者では唾液を食道に送らずに、肺に流してしまうことがあります。口腔内の新型コロナウイルスが肺に到達して肺炎を起こしてしまうのです。それゆえ、高齢者は肺炎を起こしやすく致死率が高くなってしまうのです。

　高齢者にイソジンで口腔内のウイルス量を減らしてもらうという試みもありました。私たち東京農工大学農学部附属感染症未来疫学研究センターでは、安全に口腔内のウイルス量を減らすために納豆を使う研究を実施しました（あくまでも実験室内の研究であり臨床研究は実施していない）。タカノフーズ株式会社、宮崎大学との共同研究で、図2-5に示すように納豆菌の産生するタンパク質分解酵素（プロテアーゼ）が新型コロナウイルスの表面蛋白質を分解し、培養細胞への感染を完璧に阻止するという研究成果を得ました（学術誌に発表）。この発想の原点は、納豆菌が煮豆（大豆）を栄養分にするために70種類以上のタンパク質分解酵素を産生している、ということでした。それならばタンパク質分解酵素のいくつかは新型コロナウイルスを分解できるのではないか、と考えたのです。牛に呼吸器感染症を起こす牛ヘルペスウイルスI型も分解できました。この研究成果は、日本の伝統的な食品が新型コロナウイルスを撲滅するためのヒントになるのではないかと、The Times や Forbes、毎日新聞などで紹介されました。私たちは70種類のタンパク質分解酵素があればどんなウイルスも分解できるので

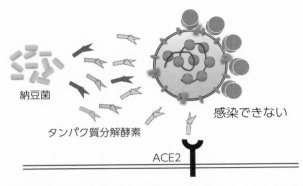

納豆菌

タンパク質分解酵素

感染できない

ACE2

図2-5　納豆菌のタンパク質分解酵素が新型コロナウイルスを分解する

はないかと考えていましたが、ある種のウイルスは分解できないこともわかりました。このあたりが自然科学の基礎研究では面白いところです。現在、人や動物と納豆菌の関わり方などが分解できないウイルスを作り出したのではないかという仮説のもとに研究を進めています。

　高齢者が納豆を食べ続けていれば新型コロナウイルスによる誤嚥性肺炎を防げるのか、ということについて補足しましょう。高齢者が新型コロナウイルスに感染していた場合、納豆を口に含めば口腔内の新型コロナウイルスは不活化されていくことが予想されます（繰り返すが仮説であり臨床研究は実施していない）。しかし、高齢者は24時間納豆を口の中で保持していなければなりません。これには無理があります。さらに、納豆の食べすぎは健康を害する可能性もあります。納豆菌は界面活性剤の一種であるサーファクチンを産生するので、1日に2パックが摂取の上限ではないかといわれています。以上のことから、私たちの納豆の研究はすぐに高齢者への救いにはならないかもしれません。しかし、食品中のウイルスを分解してウイルスフリーの食品を提供するなどの社会貢献はできるのではないかと考えています。

(7)　ウイルスとオリンピックの関係

　第Ⅵ期では東京都に第3回と第4回の緊急事態宣言が出されました。そのような中で延期されていた東京オリンピック・パラリンピックが開催されました。オリンピックが開幕して約1週間後には日本の新規感染者が初めて1万人を超えたことは印象的でした（2021年7月29日）。こじつけではありますが、コロナウイルスと東京オリンピックには因縁めいたものがあります。1回目の東京オリンピックが開催された1964年は、人のコロナウイルスが初めて発見された年でもあります。2回目は新型コロナウイルス感染症のために延期されて翌年に開催されました。最近2回のオリンピックはウイルス感染症に悩まされているのも偶然でしょうか。

　2016年のリオデジャネイロオリンピックはジカ熱の流行により開催が危ぶまれました。ジカ熱の原因は蚊が媒介するジカウイルスです。南半球のブラジルでは年初の夏季からジカウイルスによる小頭症を含む先天性ジカウイルス症候群の発生が増加していました。蚊が媒介するウイルスの発生には季節性があります。すなわち、夏季に多発し、冬季にはほとんど発生しません。ジカ熱の発生によりリオデジャネイロオリンピックの開催が危ぶまれていましたが、蚊の駆除を行ったことやブラジルの冬季にオリンピックが開催されたので影響は出ませんでした。

　2014年8月から10月にかけて日本では162人のデング熱患者の発生が報告されました。デング熱は東南アジア、アフリカ、南アメリカで発生している蚊の媒介するデングウイルスが原因で起こる感染症です。日本では約60年ぶりの感染例です。日本でも発生個所を中心とした蚊の駆除を行って、冬を待ちウイルスの撲滅に成功しています。ちなみに2019年には沖縄と東京で感染したとみられる患者が発生しているので、国内のウイルスは完全に撲滅されていないという見方もあり

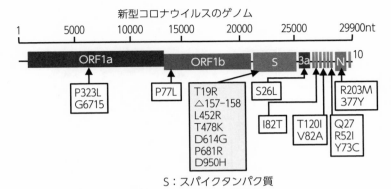

新型コロナウイルスのゲノム

S：スパイクタンパク質

図2-6　デルタ株の変異

ます。ウイルスと媒介する蚊には相性があります。デングウイルスは
ネッタイシマカやヒトスジシマカなど、日本脳炎ウイルスはコガタア
カイエカ、マラリアはハマダラカが媒介します。日本にもマラリア感
染症が発生していましたが、ハマダラカの駆除により清浄化されてい
ます。

(8)　オミクロン株とは何なのか、何だったのか

　第Ⅶ期はオミクロン株の流行期です。デルタ株が世界を席捲してい
た2021年の11月ころに突然オミクロン株が出現しました。**図2-6**の
とおり、デルタ株では細胞の受容体（ACE2）結合するスパイクタンパ
ク質に7つの変異があります（欠損・挿入変異を含む）。アルファ株か
らデルタ株のスパイクタンパク質の変異箇所は10個以内にとどまって
います。スパイクタンパク質の変異は感染力や病原性に影響しますが、
スパイクタンパク質以外の変異箇所については病原性等への影響は明
らかになっていません。

　一方、**図2-7**のとおり初期のオミクロン株のスパイクタンパク質に
は34の変異があります（欠損・挿入変異を含む）。これはデルタ株の約

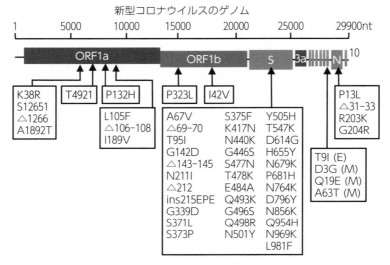

新型コロナウイルスのゲノム

図2-7　オミクロン株の変異

　5倍となっています。出現時、オミクロン株は脅威のウイルスでした。その理由は当時流行していたデルタ株の重症化率が高く、そのデルタ株の3倍以上の変異箇所を持つオミクロン株はもっと強毒だろうと予想されたからです。デルタ株までのスパイクタンパク質（新型コロナウイルスが細胞に感染するときに使うタンパク質）の変異は武漢株と比較して10カ所以内にとどまっていたのに対して、オミクロン株では30カ所以上の変異が見られました。

　しかし、オミクロン株は、デルタ株よりも感染力は強いが弱毒になっていました。なぜ、オミクロン株は変異が多いにも関わらず弱毒になったのでしょうか。結論からいうと、変異が多すぎるために強毒性が打ち消されたということでしょう。詳細は今後の研究が明らかにしてくれることでしょう。なぜオミクロン株は突然に出現したのでしょうか。もちろん、2021年11月に突然変異したのではありません。おそらく、アフリカのどこかで変異を繰り返してできあがったのでしょ

う。その根拠は、オミクロン株の祖先はアルファ株やベータ株を生み出した株だからです。

　おそらく 2020 年の夏ころに欧州株がアフリカに入り、約 1 年半の間に変異していったのでしょう。アフリカ大陸にはエボラ出血熱をはじめ致死率の高いウイルス感染症があり、新型コロナウイルス感染症はむしろ軽症ととらえていた国が多かったのです。2020 年の比較的早い時期に終息宣言を出した国があったほどです。また、PCR 検査もほとんど行われておらず、ワクチン接種率も低かったのです。さらに、変異箇所を把握するためには次世代シーケンサーという高額機器を用いますが、アフリカでは南アフリカ共和国以外に所有している国がないことも新型コロナウイルスの変異が野放しになる要因になっていました。

　このような状況下で完成したオミクロン株は南アフリカ共和国で初めて発見されました。結果的には、オミクロン株の出現によりデルタ株の流行が食い止められたことになります。もしオミクロン株が出現していなければ、いまも私たちはデルタ株とその派生株に悩まされていたかもしれません。とはいえ、オミクロン株に感染して亡くなった方は多いので、オミクロン株を救世主というつもりは毛頭ありません。オミクロン株の致死率はデルタ株よりも低いのですが、感染者数は多いので死亡者数については必ずしも減少したとはいえないでしょう（終息後に判明するだろう）。ただ、デルタ株が蔓延している状況では世界的に国交は開かれなかった可能性は高く、日本においても 2 類相当から 5 類への移行はなかったでしょう。

4　新型コロナウイルスと未来疫学からの挑戦

(1) 動物への感染源は人である
　筆者は獣医師なので、新型コロナウイルスの動物への感染について

も触れておきましょう。新型コロナウイルスはほとんどの哺乳類に感染する可能性があります。ただし実験的には豚などでは感染が成立していません。ネコ科の動物は感染しやすく、症状も出やすい傾向があります。飼い主が感染すると、猫では最大40％が感染する可能性があります。犬はもう少し低いかもしれません。人獣共通感染症というと動物から人に感染するケースを思い浮かべることが多いのですが、新型コロナウイルスの場合には人がペットに感染する立場となっています。

　欧米のミンク農場では飼育員からミンクへの感染が起こり、ミンク農場内で感染が拡大しました。ミンクは重症になりやすい動物で約10％の致死率といわれています。ミンクの中で変異した新型コロナウイルスが再び人へ感染したという報告もあります。動物の中でウイルスが変異すると強毒化するのではないかと考えるかもしれませんが、ほとんどの場合には弱毒化するのでミンクの変異ウイルスは人の間では蔓延しませんでした。動物園のトラ、ユキヒョウなどのネコ科の動物も感染しました。このケースも飼育員が感染源になったと考えられています。野良犬や野良猫が感染したという報告や、野生のオジロジカの多くが感染しているという報告もありました。動物内での変異は弱毒化するケースが多いと書いていましたが、偶然に強毒株が生まれる可能性は否定できないので、野生動物で蔓延させないという努力を怠ってはなりません。

(2)　コロナウイルスとこれからの教育

　本書のテーマである教育をウイルス学の観点から述べます。上述のようにPCR検査については一般の方にも学生にも浸透していきました。これによりウイルス検査についての理解が深まったと考えられます。コロナウイルスについての認知度も高まりました。2020年から

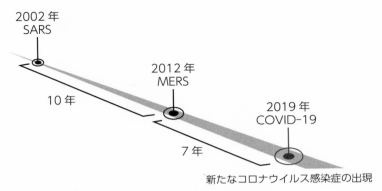

図2-8　21世紀はコロナウイルスの時代

2022年にかけてはコロナという単語を聞かない日はないくらい報道されていました。21世紀は「コロナウイルスの時代」です。2002年のSARS、2012年のMERS、2019年のCOVID-19と立て続けにコロナウイルス感染症が出現しました（**図2-8**）。忘れたころに再び新しいコロナウイルスが出現してくるかもしれません。そのときに人々がコロナウイルスという単語を覚えていることは重要です。今後、医学や獣医学の教科書においてもますますコロナウイルスの項目にページが割かれることでしょう。大学では文理関係なく感染症の講義が増えていく可能性があります。あらゆる年齢の方にコロナウイルスへの関心をもっていただいたのは、コロナウイルスの研究者としてはうれしい限りですが、まだまだ踏み込んだ議論ができるほどウイルス学的な知識は浸透していません。次の新興ウイルス感染症が出現したときには、新型コロナウイルスで得た知識と教訓を生かせるようにしたいものです。

(3) 未来疫学からの挑戦
　最後に、新興ウイルス感染症に対する著者の研究センターの取り組

みを紹介します。東京農工大学農学部附属感染症未来疫学研究センターは、2011年に口蹄疫の発生を受けて農学部附属国際家畜感染症防疫研究教育センターとして発足しました。私たちは牛や豚などの家畜を中心に既知のウイルスの網羅的PCR検出法を確立するとともに、未知のウイルスを発見する研究につとめてきました。しかし、新型コロナウイルス感染症の流行により人獣共通感染症まで対象とした研究を実施する必要があること、積極的に未知のウイルスを発見しウイルス災害を未然に防ぐ必要があることを痛感し、文部科学省に改組を申請して2022年に感染症未来疫学研究センターとして生まれ変わりました。「未来疫学」とは東京農工大学の造語であり、未知のウイルスを発見するだけではなく、そのウイルス感染症に対してあらかじめ対策を立てておくという学問です。大学がこの学問名を商標登録しています。大学では1年生を対象に農学特別講義として未来疫学を4回のシリーズで講義しています。未知のウイルスを発見し、検査法の確立、不活化ワクチン、治療薬まで揃えておけば被害は最小限にとどめることが可能です。新型コロナを乗り越えて、ひとりでも多くの学生が未来疫学を実践して社会に貢献するように、私たちは研究と教育に邁進しています。

（水谷哲也）

第 3 章

国と自治体はコロナ禍にどう向き合ったのか

1 はじめに

　新型コロナウイルス感染症（COVID-19）は、2023 年 5 月 8 日をもって感染症法上の位置づけが、2 類相当から、季節性インフルエンザと同じく 5 類に変更となりました。しかし、同感染症は、終息したわけではなく、その後、2023 年 8 月末をピークとする第 9 波を経験します。2020 年 1 月に日本で最初の感染者が確認されて以来、死亡者数が毎日公表されていた 2023 年 5 月 7 日までに、少なくとも累計 7 万 4 千人の犠牲者をだした、戦後日本最悪の感染症災害となりました。

　感染症への対応は、国主導で基本方針やマニュアル等を決定し、都道府県及び市区町村に通知する方法がとられましたが、実際に感染者の検査、入院調整、感染経路の疫学調査、自宅待機者との連絡・相談、さらに患者への対応と治療、退院後のケア、ワクチン接種等を最前線で担ったのは、国ではなく、都道府県や市区町村の保健所や病院、診療所でした。

　とりわけ基礎自治体としての市区町村は、感染者に対応する保健、医療の仕事だけではなく、学校教育、社会教育、保育、高齢者や児童、障がい者福祉、公共交通、ゴミ回収、消防、地域産業政策に加え、窓

口での住民サービスなどの仕事を担っています。それらが職場での消毒等の感染対策に加え、住民の感染拡大にともなう保健所への応援も含む業務の増大とともに長時間労働を強いられたり、自宅に帰れない職員も生まれました。さらに、職場での感染拡大のために、公共サービスを休止せざるをえない自治体も生まれました。他方、出勤停止は、公共の職場で多数を占める、非正規雇用の手取り給与の削減ともなり、生活苦に陥る職員も増えていきました。過大な業務量とクレームの増大、家族との軋轢と孤立のなかで、仕事を辞めざるを得ない自治体労働者も少なからず生まれました[1]。

　このように新型コロナウイルス感染症は、地方自治体に多大な影響をもたらしたといえます。政府は現在、第33次地方制度調査会において、このコロナ禍から何らかの教訓を引き出したうえで、新たな制度改革を検討しつつあります。2023年10月23日には、同調査会専門小委員会で答申案が提出されました。そこでは、基本認識として「デジタル敗戦」という言葉を肯定的に引用し、国と地方自治体、そして民間企業や住民生活におけるデジタル化の遅れが最大の問題として取り扱われ、いっそうのデジタル化（DX化）が必要であると述べられています。

　併せて、感染症や大規模災害「等」、個別の法令が想定してこなかった事態に対して、国が地方自治体に何等かの指示ができるような法制の整備が必要だともしています。ちなみに答申案が発表される前の時点では、「非平時」という言葉を使っていましたが、「戦時」を連想するためなのか、答申案では、「大規模な災害、感染症のまん延等の国民の安全に重大な影響を及ぼす事態」という表現に変えています。ともあれ、岸田政権が強引にすすめつつある軍事力強化や経済安全保障政策と無関係ではないと見た方がいいでしょう。

　いわば、コロナ禍を奇禍として、戦後憲法が規定している国と地方

自治体との対等な関係を改変して、明治憲法の統治制度と同様に国が地方自治体の上にたつ構造に変えようとする動きであるともいえます。しかし、果たして、コロナ禍において国が憲法で定めた国民の生存権や基本的人権、生存のための財産権を守ったといえるのでしょうか。また住民の命と福祉の向上を保障すべき役割を地方自治体とともに行ったのでしょうか。それがうまくいかなかった原因は、デジタル化の遅れや国と地方自治体の間の法的関係性にあったのでしょうか、これらの点の検証が求められているといえます。

　そこで、本章では、私が専門としている政治経済学、地域経済学、地方自治論の視点から、上記の問題について検討してみたいと思います[2]。

② 感染拡大の不均等性

(1) 感染拡大の波動

　新型コロナウイルス感染症は、一気に全世界に広がったわけではありません。2019年12月に中国・武漢から感染拡大が始まり、徐々に日本を含む東アジア、欧米、そして南米、インドへと伝播し、この年の3月に文字通りのパンデミック状況となりました。

　ただし、その後の4年間の感染経過を国別にみると、伝染力を強めている変異株の種類や政府による行動規制の緩急によって、感染確認者の拡大・縮小サイクルが異なっており、そのパターンは一様ではありません。

　ちなみに、**図3-1**は、日本と米国のコロナ入院患者数の推移を示したものです。感染確認者数や死亡者数の各国データは、WHOでも2023年5月以降、公表されなくなっており、また指標の取り方にも違いがあるので、図で示したコロナ入院患者数の推移が、もっとも長期にわたって、比較可能なデータとなっているからです。このグラフ

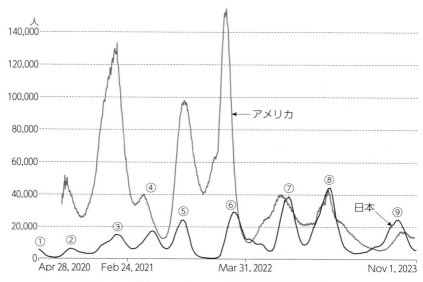

図 3－1　新型コロナウイルス感染症入院患者数の推移
出所：オックスフォード大学 Our World in Data COVID-19 dataset.

によると、2023 年 10 月下旬まで米国は 8 波、日本は 9 波を経験して
おり、その波形も異なっています。直近でみると、オミクロン株が主
流となった日本の第 7 波～第 9 波については、米国の入院患者数と同
等あるいは、それを上回る入院患者がでていることがわかります。ち
なみに、米国の人口は、日本のほぼ 3 倍にあたります。米国と比べて、
かなり深刻な感染状況であることが推測されます。ただし、問題なの
は、5 類に分類されるようになってから、指定された全国 5000 医療機
関のみのデータの集計値となっているうえ、死亡者数も発表されなく
なっているため、第 9 波の実際の感染状況や重症度、死亡率が、地域
別に即時にわからなくなっている点です。これでは、科学的対処がで
きないと言っていいでしょう。

(2) 健康被害の地域的不均等性

　ここでは、ひとまず都道府県別の感染状況がわかる、2023年5月5日時点での日本国内の感染状態を、**図3-2**によって見てみます。第一に指摘したいのは、感染者と死亡者の地域的不均等性が目立っていることです。何よりも、国内の感染者が東京都、大阪府を中心とする大都市圏に集中していることです。2020年12月1日時点の厚生労働省発表データによる東京都の人口シェアは全国の10.8%でしたが、感染者比率は13.0%、死亡者比率は10.9%に達しています。また、同様に大阪府は、人口比6.9%に対して感染者比率は8.4%、死亡者比率に至っては11.5%に達しています。地方中枢都市のある愛知県や福岡県も含めて、定住人口だけでなく通勤・通学人口が集中する大都市部で、接触機会も増えて、感染者数比率が人口比率を上回っていると見ることができます。なお、地方中枢都市ではありませんが、米軍基地関係の感染拡大が常に問題になっている沖縄県でも、人口比を上回る感染者及び死亡者がでていることにも留意しておく必要があります。第二に、その大都市圏でも大阪府の死亡者比率が東京都を上回り、突出している点です。これは、後に詳しく述べるように、大阪府内では保健所の統廃合や公立公的病院の統廃合が進められ、感染症に対応する検査、医療体制が弱体化していたという、地方自治体の政策的要因に基づくものであると考えられます。

　さらに、同一都道府県内で見ると、人口一位都市に集中する傾向が見られます。例えば、京都府では、感染確認者の69%が京都市内（人口比率57%）に集中しています（『京都新聞』発表データ。2021年7月16日時点）。また、京都市や大阪市に、鉄道で結びついて通勤・通学圏になっている市町での感染者数を加えると、府内感染者の95%が2大都市の中心地機能と連坦した地域で発生していました。

　この間、政府は、国土政策や地方創生政策の一環として「選択と集

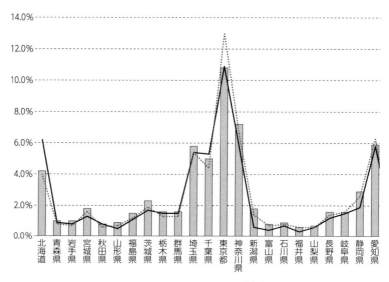

図3-2　新型コロナウイルス感染者・

出所：感染者・死亡数は厚生労働省発表資料。人口は、2020年1月1日時点での住民基

中」をすすめ、中核市や政令市といった大都市に人口や経済機能を集中させる政策をとってきましたが、それがウイルス感染症のリスクを高めているといえるでしょう。

　加えて、同一都道府県内における市区町村別感染者数や死亡者数を、地方自治体が公表してこなかったという問題があります。例えば、2023年5月7日まで、京都府が発表していた毎日の感染者情報を見ると、個別の感染者のデータが随時更新されているだけであり、市町村別感染状況については発表していませんでした。京都新聞が、翌日の朝刊で、市町村別に再計算して公表することで、一般住民は感染状況を知ることができました。けれども、最も感染確認者が集中した京都市内については、区役所別データは一貫して未公表でした。京都市の場合、区役所別に置かれていた保健所を、大阪市に続いて統廃合し、さらにPCR検査を行う地方衛生研究所の府市統合も行ったことによる

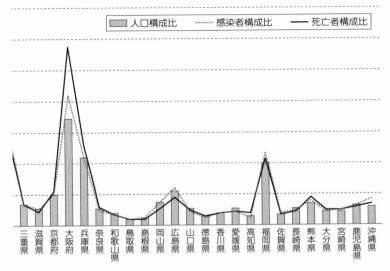

凡例: 人口構成比 ・・・・・・ 感染者構成比 ―― 死亡者構成比

三重県 滋賀県 京都府 大阪府 兵庫県 奈良県 和歌山県 鳥取県 島根県 岡山県 広島県 山口県 徳島県 香川県 愛媛県 高知県 福岡県 佐賀県 長崎県 熊本県 大分県 宮崎県 鹿児島県 沖縄県

死亡者の都道府県別構成比と人口構成

本台帳人口。

ものです。さらに、死亡者数については、京都府の場合、市町村別デ
ータを公表していませんでした。感染者やその家族に対する差別を防
ぐことが目的といわれていますが、個人情報がわからない程度に感染
者数や死亡者数を公表することは技術的に可能ですし、そうすること
で、住民が感染者密度の高いところに行くことを回避するなどの防疫
措置を自主的に取ることも可能です。他の政令市では、そのようなデ
ータを発表していたところもあり、データに基づく住民の感染防止の
取り組みを阻害したともいえます。

　一方、上述のような地域的不均等性は、コロナ禍を、一国レベルや
一都道府県レベルではなく、生活領域に近い地域的視点からとらえる
ことの重要性を示しています。そもそも、感染者は、あくまで特定地
域に生活する住民であり、感染症に対する防疫体制や医療、さらに産
業・雇用対策も、少なくとも市区町村という基礎自治体ごとの差異や

特性を認識したうえでの対応策が必要だからです。

3　コロナ禍を「災害」として捉えることの重要性

(1)　コロナ禍は、「戦争」か「災害」か

　コロナ禍は、パンデミックとなったために、世界各国のコロナ禍対策や政権トップの政策思想、そして感染者や死亡者数の違いを、インターネット等を通して瞬時に知り、比較することができました。例えば、2020年春の段階では、米国のトランプ大統領や日本の安倍晋三首相は、ウイルスとの「戦争」を強調し、トップダウン的な政策を志向しました。とくに安倍首相は、第1波が広がる時点で全国一斉学校臨時休校措置や新型インフルエンザ等特措法改正による緊急事態宣言発令にこだわりました。また、安倍首相は、東京オリンピックの延期を決めた際に、延期開催の大会を「人類が感染症に打ち勝った証し」にしたいと表現したように、「戦い」として捉えていました。戦時下の統制と同様の「補償なき自粛要請」に固執した理由もそこにあるといえます。他方で、安倍首相は、欧米や韓国で急速に拡大していたPCR検査については消極姿勢をとり続けました。

　科学的データに基づかないトップダウン的な政策を志向した日米両国のリーダーの対極にあったのが、ドイツのメルケル首相でした。科学的データに裏付けられた根拠をもって、政府の施策を説明し、必要な休業補償や付加価値税の減税を即座に決定し、国民一人ひとりに訴えかけた姿勢は多くの称賛を得ました。

　感染症学の最新知見によれば、ウイルス感染症は、トランプ大統領や安倍首相が強調したように、「撲滅」したり、「戦争に勝利」するような類のものではありません。ウイルスは、完全に「撲滅」することはできません。いったん終息したとしても、人間の遺伝子情報のなか

に埋め込まれてきた歴史があるため、むしろ「共生」という言葉を使うべきだとする山本太郎長崎大学教授のような研究者もいます[3]。

さらに、防災学や感染症学の標準テキストでは、生物由来の病害はバイオハザードと呼ばれ、自然災害のひとつとして把握されています[4]。地震や津波、水害のように建物等の物的破壊はありませんが、人間の健康被害を通して、人間が生活するための基本である人間と人間の関係性を破壊して、社会経済的被害を生み出す災害現象であるといえます。「コロナ禍」という概念は、そのような災害現象を指します。

(2) 大災害現象が有する「地域性」と「社会性」

したがって、コロナ禍は、他の自然災害と同様、「地域性」と「社会性」という2つの側面を有しています。

「地域性」とは、国内に一様に感染者が発生するわけではなく、地域的不均等性をもって現象することを指しています。今回のコロナ禍は、後に述べるように、人口と経済機能が集積し、交通の結節点である大都市部に集中するという災害特性をもっています。併せて、一国内、都道府県内、そして市区町村内にも地域的不均等性があるとすれば、感染症への対応の主体も、地域経済再生の主体も明確となります。そもそも感染するのは一人ひとりの住民であり、発生する現場は個々の地域の現場です。したがって、感染症対策では、個々の基礎自治体に住む個人、家族、そして企業や協同組合、NPO等が、基礎自治体とともに、その主体となるのは理の当然であるといえます。

また、「社会性」とは、社会的弱者に健康被害だけでなく経済的・社会的被害が集中する傾向があるという特性です。「自然災害」は、自然の変異が人間社会と接触するところで起きるものであり、必ず社会的側面をもちます。したがって、災害時の政策対応だけでなく、その後のケア、生活・営業再建をどうするかという事後対応が重要になりま

す。どのような災害を見ても、社会的弱者ほど被害は深刻です。避難や復興、あるいは感染防止策が被災者や住民を苦しめることになると、「人災」、「政策災害」と呼ばれることになります。

　さて、上記のように災害現象をとらえた場合、本来あるべきコロナ禍への対応は、どのようなものになるでしょうか。私は、国、都道府県、市区町村という地域階層ごとに区分して対応策の分業と協業を図るべきだと考えています。

　第一に感染者は、必ず特定の地域に住む住民であり、その地域の公衆衛生、医療、福祉、教育、経済活動全体をコントロールすることができる（あくまでも可能態ですが）立場にあるのは基本的に市区町村です。ですが実態面では、例えば保健や病院行政や産業・雇用対策については都道府県の権能が強く、市区町村ではデータさえも把握できないという状態にあります。第二に、それを広域性及び専門性の観点から補完するのが都道府県の役割です。ちなみに、新型インフルエンザ等特措法では、知事に一定の権限を与えましたが、それにより国や近隣都府県、さらに市区町村との関係性が、実態面では問われることになりました。第三に、国は国境措置やWHOとの連携による防疫体制やワクチンを含む創薬、そして地方自治体による医療・経済補償の財源措置という側面で最終責任を負うべき存在です。けれども、実際に、そのような最低限の役割を果たしたかといえば、後述するように財界からの要求で各種の行動規制の緩和を拡大し、新たな感染拡大を誘発するなどかなり疑問な点があるうえ、地方自治体や市区町村に対して、マイナンバーカードの交付とのリンクをはじめ不要不急な業務を増やし、現場での対応を阻害している面が少なからず見られました。

4 コロナ失政の根本的原因は何か

(1) 感染の波状的拡大と国による対応

　では、この4年近くの間の波状的な感染拡大で多くの犠牲者が出たのは、地方制度調査会の答申等で指摘されているように、「デジタル化の遅れ」や「国と地方の対等な関係」に問題があったからでしょうか。この議論の前提には、国はあらゆる事態に対して適切な判断をして、正しく対応できる存在であるという考え方が潜んでいますが、これは真実だったのでしょうか。時系列で簡単に振り返ってみましょう。

　第1波の時点で、第二次安倍政権がまず行ったのは、前述したように小中学校、高校の全国一斉休校要請でした[5]。次いで緊急事態宣言条項を含む新型インフルエンザ等対策特措法改正の成立にこだわる一方、前述したように PCR 検査については消極姿勢をとり続けました。他方で、マスクや医療防護用品の不足が顕在化し、安倍首相は側近官僚の進言によって、マスク生産実績もない「お友達企業」に対して布製の「アベノマスク」を大量に発注し、のちに大量の在庫を抱えることになりました。

　2020年4月から政府は緊急事態宣言を発令し、全国に適用地域を拡大し、厳しい行動制限を国民に強いました。しかし、事業者については「補償なき自粛」を求めました。同年6月にはだいぶ新規感染者も減ってきたのですが、7月に入り、再び感染拡大の動きが強まってきます。その国内第2波の初期にあたる7月22日、安倍内閣は、専門家からの反対意見も無視し、「GoTo トラベルキャンペーン」を開始します。これが引き金となって、第2波が襲い、安倍内閣の支持率が低下していきました。記者会見で、国民に自分の言葉で語ることができないなかで、安倍首相は、とうとう2020年8月28日に持病悪化を理由

に辞職を表明することになり、7年8カ月に及ぶ長期政権は終焉を迎えました。結果的に、コロナ対策の失敗による政権の崩壊だといえます。

　安倍政治の継承を公約にして首相の座についた菅義偉首相も、感染・医療対策の強化よりも、各種GoTo事業の維持を重視したほか、オリンピック開催をねらってビジネスやスポーツでの渡航規制の緩和を行いました。検疫体制が不十分な中での海外渡航の規制緩和は、新たな変異株の流入を促したうえ、各種GoTo事業の継続にこだわったため、2020年10月下旬から第3波の拡大を招き、2回目の緊急事態宣言を発します。しかし、年末年始には大阪で医療崩壊が起きて死亡者が急増するような、最悪の事態を招きます。他方で、緊急事態宣言への財界からの風当たりが強くなる中で、特定地域だけを対象に「まん延防止等重点措置」がとれるよう新型インフルエンザ等対策特別措置法の改正も行いました。

　第3波が収まりかけた2021年3月に入ると、イスラエルやイギリスでワクチン接種が進み、新規感染者や死亡者数が急減する動きがでてきます。ところが、日本ではワクチン接種の体制づくりが進まず、菅政権に対する批判が再び強まります。しかも、大都市圏を中心にアルファ株による第4波が襲いかかってきました。菅政権は、ワクチン接種の強化に力を入れ、自衛隊による大規模接種センターづくりや大企業や大学を対象にした職域接種をすすめますが、2021年7月初頭からワクチンの供給不足が顕在化し、高齢者の接種も終わっていない地方自治体からは強い批判がでてきました。また、大規模自治体ほど、外部委託によるインターネットや電話での予約に依存することになり、予約ができない高齢者を中心に「ワクチン難民」が続出する事態となりました。

　菅政権は、そのなかで、オリンピック開催にこだわり、有観客から無観客へと方向転換しますが、「バブル方式」といわれる感染対策が穴

だらけだということも発覚しました。このオリンピック開催強行をきっかけにデルタ株による第5波が拡大していきました。主催地の東京都民の不安と不満が噴出し、東京都議会議員選挙で自民党は目標を大きく下回る議席数となったうえ、2021年7月中旬には菅内閣支持率は各種世論調査で30%を切るまでに落ち込みました。8月下旬には、東京都内での医療崩壊が深刻化し、「在宅死」問題が顕在化します。

　このため、総選挙と総裁選挙を目前にして、自民党内で菅降ろしが本格化し、菅政権はわずか1年で崩壊することになりました。代わって首相の座についたのは、新自由主義からの転換を表明した岸田文雄でした。当初は、「アベノミクス」からの転換も口にしましたが、安倍派の支持を得るために、それも言わなくなりました。結果、解散後の総選挙では、大きく議席数を減らすことなく、与党で3分の2の議席を得ることに成功します。安倍・菅政権からの看板の架け換えと、第5波が落ち着いて、コロナの感染状況が「相対的安定期」に入っていたことが、有利な条件となったともいえます。

　しかし、岸田政権の下では、ビジネスだけでなく外国人観光客の出入国や日本人の国内外の行動規制の緩和が行われ、防疫体制を弱めるとともに、新型コロナウイルス感染症の位置づけを、これまでの感染症法上の2類相当から5類に変更し、2023年5月8日から実施されます。行動規制が順次緩和されるなかで、感染力の強いオミクロン株による第6波、第7波、第8波、第9波が襲いかかります。ちなみに、第8波だけで、2万6000人が犠牲になりました。オミクロン株は重症化リスクが低いということで、行動規制の大幅緩和を図りましたが、感染者数の著増により重症者数も死亡者数も過去最悪を記録したのです。しかも、5月8日以降は、全数調査ではなく全国5000の医療機関によるサンプル調査だけとなり、感染の実態がいっそう把握できなくなりました。けれども、図3−1でも明らかなように、入院患者数という指

標をとると、第9波では米国の実数も上回る水準を記録していたのです。

　以上のことから、コロナ禍の継続と健康被害の拡大については、デジタル化の遅れや国と地方の対等な法的関係に要因があったとはいえず、むしろ為政者の政策判断の誤りに主因があったといえます。

(2) 惨事便乗型政治の横行

　その為政者の政策判断の誤りは、基本的には感染拡大の事実を科学的に把握しようとしないところから生じていましたが、他方でコロナ禍に便乗して、以前から狙っていた政策を具体的なものにしたいという政治的欲求があったのではないかと思います。

　まず、安倍内閣時代の2020年春の通常国会では、憲法改正論議、検察庁法改定、国家戦略特区法（スーパーシティ構想）改正、種苗法改正、9月入学論議といった、コロナ対策とは直接関係のない法制度論議を優先しました。他方で、特定企業との事実上の随意契約による「アベノマスク」・特定医薬品・オンライン教育条件充実（端末普及）を推進するとともに、各種給付事業と紐づけたマイナンバーカード普及にこだわりました。

　第1波「収束」局面の2020年20年4月30日に成立した2020年度第一次補正予算では、各種GoToキャンペーン事業予算として1.7兆円を計上したのに対して、厚生労働省のコロナ対策予算は6695億円に留めるという点に、この時点での官邸の意思が如実に表現されていたといえます。また、当初、低所得者向けの給付だけに限定していた案を、野党や公明党からの突き上げで、急遽、1人10万円特別定額給付金に変更したり、あるいは中小企業向けの持続化給付金制度の運営を、随意契約に近い形で特定企業グループに業務委託したことも、安倍政権の迷走ぶりや特定企業との癒着構造を改めて国民に示すことになり

ました。

　国内第 2 波の初期に、安倍内閣が強行した「GoTo トラベルキャンペーン」も、特定の企業グループに業務委託するものであり、利益は、大手旅行代理店、高額ホテル・旅館、高額所得者に偏在することになり、中小の旅行関係事業者や飲食店からは強い反発がでることになりました。それ以上に、大都市部から地方への観光客の移動を促進したために、地方での感染者の拡大を招いたのです。

　菅政権に代わり、第 3 波、第 4 波が継起的に襲う中で、2021 年の通常国会が開かれました。ここでも、憲法改正のための国民投票法改正、デジタル庁設置を中心にしたデジタル改革関連法、さらにコロナ禍に逆行するかのような老人医療費窓口負担 2 倍化法、病床削減法を次々と成立させ、軍事基地や原子炉の防衛を目的に周辺住民の財産権を制約する重要施設等周辺土地利用規制法も国会を通します。

　さらに岸田政権の下では、2022 年春の通常国会で経済安全保障推進法、サイバー国家警察を設けた警察法改正、2023 年春の通常国会で防衛省調達装備品等開発・生産基盤強化法を通し、敵基地攻撃能力の保有を核とする軍拡政策と軍事産業育成策を推進しつつあります。

　以上のように、コロナ禍における 3 つの内閣の政策志向は、惨事便乗型政策の典型だといえます。

(3) 「コロナ失政」の構造的要因

　国によるコロナ対策は、政策内容の拙さに加え、それを執行する地方自治体やサービスを受注した民間企業側の運用上の問題もありました。それは、デジタル化の遅れだけに留まらない、より構造的な問題であったといえます。

　私は、第一に、1990 年代半ば以降の新自由主義的構造改革の累積による「公共」の後退と変質に問題があると見ています。とりわけ、コ

ロナ禍が波状的に続くなかで、防疫、公衆衛生、医療、公務現場では、圧倒的に公務員の数が不足し、保健所や公的医療機関が麻痺する事態に、たびたび襲われました。それは、これまでの新自由主義的改革の累積が引き起こした構造的な問題だといえます。まず、1997年の地域保健法の制定によって、保健所の設置は都道府県や政令市に任されました。この結果、全国的に保健所の大幅統合がなされ、とくに保健所の医師や臨床検査技師が大きく減少しました。2000年代に入ってからの小泉構造改革によって市町村合併政策と三位一体の改革が強行されるなかで基礎自治体の領域が大きく広がるとともに、地方公務員の削減が一気にすすみました。さらに、国によって感染症病床を有していた公立・公的病院の再編政策が遂行され、日本は先進国のなかでも人口当りの医師数も感染症病床数も極めて少ない国になっていたのです[6]。

　自治体では、大阪府・大阪市がその典型だといえます。大阪市では地域保健法の制定後、区役所別にあった保健所を一つに統合、府立と市立の衛生研究所も統合、さらに公立病院の統廃合も行いました。この点については、橋下徹元知事自身が「僕が今更言うのもおかしいところですが、大阪府知事時代、大阪市長時代に徹底的な改革を断行し、有事の今、現場を疲弊させているところがあると思います。保健所、府立市立病院など。そこは、お手数をおかけしますが見直しをよろしくお願いします」としたうえで、「有事の際の切り替えプランを用意していなかったことは考えが足りませんでした」と2020年4月3日の旧ツイッターで認めているところです。

　第二に、安倍政権以降特有の問題があります。政財官抱合体制の強まりと「お友達企業」の優遇が、「忖度政治」の横行によってなされ、厚生労働省をはじめとした公的データ・公文書の改ざん・廃棄が続いた結果、政策の根拠となる科学性・公正さを担保できない状況になっていました。科学的データに基づく政策立案という公共政策立案の基

本原則が崩れていたことが最大の問題だといえます。政権が、政治的思惑によってトップダウン的に政策判断するのではなく、科学的データを健康被害と社会経済的被害両面にわたって把握し、できるだけ詳細な情報を自治体に提供することで、各地域の感染状況に応じた感染対策を、感染現場に近い都道府県や市町村で立案し、実行できる体制づくりが必要です。残念ながら、初期段階においては、多くの自治体では、国の指示待ち姿勢がとられたのです。以上の結果、国がトップダウンで緊急事態宣言を出しても、それが機能しない国の官僚機構や地方自治体の姿が国民の目の前に現れたといえます。

これまでの新自由主義的政策の矛盾に加え、思いつき的な「忖度政治」と科学的判断に基づかず、しかも公共サービスの担い手を量質とも解体、削減してきた「アベ政治」の限界が、安倍政権及び菅政権の存続を許さなかったといえます。

⑤　地方自治体の役割と姿勢が問われる

(1) 国による事実上の丸投げ

新型インフルエンザ等対策特措法が2020年3月に改正された際に、緊急事態宣言下での諸対策については、都道府県知事に大きな権限が認められることになりました。しかし、実際の保健所や医療機関の業務内容については国からの指示によるものであり、財源もまた国に依存するものでした。例えば休業補償金等の支出は国が認めないために、独自財源で対応する必要がありました[7]。このこともあり、同法に基づいて2020年4月7日に特定地域に指定された7府県の解除をめぐって、政府と地方自治体の首長との間での確執が生まれることになりました。

それ以前に問題なのは、政府の専門家会議においても、各都道府県においても、都道府県単位でのデータに基づき指定の解除をめぐる議

論をしていた点です。既に述べたように、同一都道府県内においても、市区町村別に見ると感染状況には大きな不均等性が存在していました。それを考慮することなく、都道府県単位での指定あるいは指定解除をする枠組み自体が問題だといえます。感染が広がっていない地域では、厳しい行動規制が強制されることによる社会経済的被害が広がることになるからです。

　また、各都道府県で、足元の「被害」状況をどれだけ詳細かつ包括的に把握しているのかという点については、極めて疑問です。第1波段階で、既に保健所統廃合とPCR検査の実施・報告体制、陽性者の発表の仕方が問題となりましたし、二次的な社会・経済的被害を含めた詳細な市町村別把握ができていない状況が、現在も続いています。

　また、知事権限が強いことによって、ポピュリズム的な首長のパフォーマンスが突出することになりました。その代表格が、経済活動再開により大阪都構想をめぐる住民投票を目論んだ吉村洋文大阪府知事であり、もう一人が知事選再選をねらった小池百合子東京都知事でした。吉村知事が打ち出した「大阪モデル」の3指標については、当初から、「サイエンスとしての根拠には自信がない」という大阪府専門家会議座長の指摘がありましたし、小池知事が「東京アラート」として打ち出した橋脚のライトアップの指標も、その後の感染再拡大のなかで、恣意的に基準が変更され、現場を混乱させるだけに終わりました。いずれも、自らの政治的目標（住民投票の実施、知事選での再選）を最優先し、感染症対策は二の次であったといわざるをえない姿勢であり、「惨事便乗型地方政治」とも表現できるものです。ちなみに、吉村大阪府知事が、連日、テレビに出演し、「やっている感」だけを創り出すために、マスコミを利用している点については、片山善博元鳥取県知事が強く批判しています[8]。このような政治姿勢は、その後の東京都及び大阪府・市での感染拡大・重症化、そして死亡者の増加と無関係では

ないといえます。

　とりわけ大阪府・市では、この 10 年余り続いた大阪維新の会の政治によって、公衆衛生・公立病院体制の破壊的改革が進行していたという構造的問題が、前述したように浮き彫りになりました。

　さらに、このようなマスコミへの出演頻度が高い知事とは別に、「国待ち姿勢」の多数の知事・首長がいたことも大きな特徴です。その多くが、元官僚出身の知事でした。そこでは、科学的な地域情報の収集と、それに基づく判断ができないという問題や、財政余力がなく財源措置待ちになる傾向が強いという問題があったといえます。

(2)　自律的自治体の登場

　もっとも、コロナ禍に対して、自律的に対応した自治体も存在し、時間経過とともに自治体独自の施策を充実させていきました。政府が打ち出す施策の限界、あるいは無策ぶりが明らかになるなかで、地方自治体独自の役割、自律性が重要になってきたともいえます。

　まず、新型コロナウイルスで日本最初の医療クラスターが湯浅町で発生した和歌山県の対応です。当時、厚生労働省は、中国渡航歴があり、37.5℃ 以上の発熱が 4 日以上続く人にしか PCR 検査を認めないという通知を出していましたが、和歌山県は独自に徹底した調査を行い、早期に封じ込めに成功し、その後も大規模な感染拡大を防いでいます。同県では、地域保健法改正後も、県内各地にある保健所の統廃合を行わず、独自の地域保健行政を続けてきたことが、注目されます[9]。

　さらに、政府が補償策を講じないなかで独自の支援制度を創出した地方自治体が増えてきていきました。ただし、当初は財政措置が講じられなかったために、財政力に規定された「支援格差」が拡大したという問題があります。その後、地方創生臨時交付金がある程度措置されてきたことから、それを活用した独自施策が広がりました。まず、自

治体内のすべての医療施設に対して支援策を講じた市町村数は 2020 年 11 月までに 99 にのぼりました（全国保険医団体連合会事務局調べ　2020 年 11 月 11 日時点）。また、コロナ禍で経営に苦しむ地域の中小・小規模企業に対して休業補償を行っている自治体も、20 年 10 月末までに 358 に達しています（全国商工団体連合会調べ　2020 年 10 月 27 日時点）[10]。

　さらに、地方自治体が、みずから科学的判断の下に、PCR 検査等を社会的検査として抜本的に拡大し、感染状況の詳細な把握を行いながら、防疫体制、医療体制、福祉・介護体制の持続性の確保を図るとともに、産業・雇用の維持を図る政策も併せて立案・実施した東京都世田谷区のような先進的自治体も登場しました。保坂展人区長は、社会的検査を新設するために、寄付金を集めると同時に、国や都に対して補助制度の新設を要求しました。結果、国の補助制度ができ、他の自治体も活用できるようになりました[11]。この点は、大いに注目されます。

(3) 新自由主義的自治体再編政策の矛盾が顕在化

　ここでは、より具体的に自治体現場での矛盾について検討したいと思います。小泉構造改革による市町村合併や三位一体の改革によって公務員が削減されるなかで、安倍・菅政権の下で、公共サービスの産業化政策や DX 政策を推進しました。このような政策の流れに沿う形で、1 人 10 万円の特別定額給付金及び各種協力金の申請・分配業務やワクチン接種の予約業務を民間企業に丸投げしました。また、国の事業である GoTo キャンペーン事業や持続化給付金の給付事業も、民間企業に丸投げされました。このような「中抜き」事業を受注した特定の企業には巨大な利権が生まれましたが、これによって窓口が大混乱し、申請に手間取る、支給が大きく遅滞するという事態が頻発しました。

　その典型も大阪市と大阪府でした。大阪市の 10 万円の給付金は民間に委託したため 2020 年 6 月下旬時点でもわずか 3% 台でした。受注し

た東京の企業連合のシステムの脆弱さが生み出したものでした。大阪府では 2021 年 1～3 月期の時短協力金の支払いが 6 月時点でも 6 割強に留まっていました。事業を受注したのは、人材派遣業大手のパソナでした。これでは、感染症災害の社会経済的被害に迅速に対応することができません。

　逆に、小規模自治体ほど、住民との空間的距離、精神的距離が近いために、特別定額給付金やワクチン接種を早期に完遂することができています。北海道東川町では、政府の 2020 年度補正予算成立の日に、地域金融機関との協力の下に全住民への 10 万円の給付を終えています。また、京都府伊根町では 2020 年 6 月時点で、希望する全住民への 2 回目のワクチン接種を終えています。

　中小自治体を整理統合し、「大きくて強い」自治体をつくるという小泉構造改革以来の新自由主義的自治体再編政策が、住民の命と暮らしを守るものではなく、むしろその障害になっていることが明らかになったといえます。

6　おわりに　地方自治体を主権者のものに

(1) 地域内経済循環を自治体が主導してつくる

　コロナ禍は、それまでの「選択と集中」「インバウンド」「効率性」一本槍では、地域経済も、住民の暮らしや命も守れないことを明らかにしました。多くの地域で、自然発生的に足元の「地域」に視点を置いて、事業者や住民が連帯しながら、地域内経済循環をつくる動きが生まれました。改めて、地域経済や社会の持続性をどのようにつくるかということを、少なくない人たちが自覚的に学び、実践に移したといえます。私は、これを「連帯経済」と呼びますが、そこでの自治体の役割にも注目したいと思います。

京都府北部の与謝野町では、2012 年 4 月に中小企業振興基本条例を京都府下で初めて制定し、地域内経済循環を理念に掲げて、農福連携（農業と福祉の連携）事業も追求してきました。コロナ禍の下でも、産業振興会議を毎月対面で開き、コロナ禍での経営の実態と住民の消費生活を把握して、地域内経済循環をさらに高めることを目指しました。これによって、高齢者の受け取る年金額が推計 100 億円に達し、町の歳出総額や雇用者報酬総額にも匹敵することや、一層の地域内経済循環をすすめ、年金が町内で支出されるにはどのような課題があるかも、詳細に把握し、町内の事業者と連携した施策を考案することができました。

　なお、与謝野町の産業振興会議の構成員には、各産業分野の代表や学識経験者だけでなく、高校生や大学生も入っており、若い人の声を将来の地域づくりに反映する仕組みができています。

　なお、大都市部にある世田谷区において、2022 年 4 月に「地域経済の持続可能な発展条例」が施行されました。これは、自治体が中心となり地域経済の持続的発展と社会的課題の解決を図るという、地域産業の振興と住民福祉の向上という 2 つのテーマを目標にした、与謝野町と同じ方向性をもった条例だといえます。

(2)「いのちの政治」を取り戻す自治体の登場と住民の学びの機会

　コロナ禍の下で「経済性」（短期的な金儲けの追求）と「人間性」（命と人間らしい暮らしの尊重）の対立が、国レベルでも、地方自治体レベルでも先鋭化しました。後者に基づく主体的な運動こそが、一人ひとりが輝く持続可能な社会への道を切り開くといえます。

　例えば、2021 年 8 月、日本最大規模の自治体である横浜市で、カジノ反対の山中竹春氏が、市民と野党の共同の取り組みによって、現職市長や首相推薦候補を抑えて圧勝しました。

翌2022年6月には、東京都杉並区長選挙で、住民との対話、公共の再生を重視し、女性を中心とした市民との連携を強めた岸本聡子氏が勝利しました。住民生活の向上と民主主義の再生を目的にした新しい形での革新的自治体が誕生したといえます。ここでも多様な住民運動が基礎にありました。

　同年12月には、保坂世田谷区長らの呼びかけで、岸本杉並区長も加わったLocal Initiative Networkが結成されました。このネットワークは、地方から、伝統的既得権や新自由主義的な公的セクター解体ではなく、一人ひとりの人権と尊厳を大事にした「いのちの政治」に転換していくことを目指しています。この動きは、「公共」を市民のものに取り戻す世界的な新しい自治の流れと符合するものでもあります[12]。

　地域のことは、主権者である住民自身が決めるという自治の理念は、歴史的にも、世界的にも普遍です。そして住民一人ひとりが輝く地域づくりを実現する試みは、日本では小規模自治体で実践されてきたことです。これは、コロナ禍でも発揮されたことであり、大きくなりすぎた自治体は、地域自治組織を充実させて、地域内分権を徹底するか、自治体の分離・分割も検討の対象にすべきです。それは、何よりも、一人ひとりの住民の幸福追求権を保障し、最低限の健康で文化的な生活をつくりあげるためです。

　一部の利害関係者だけが利益をえる地方自治体ではなく、憲法と地方自治法の理念に基づき、各地域の実情に合わせて圧倒的多くの住民の福祉の向上のために地方自治体を変えていくことが必要であるし、それが可能であることを、これらの自治体の動きは示しているといえます。そして、このような自治体を多くの主権者の参加によってつくりあげていくためには、主権者自身が積極的に学んでいくこと、そしていつでも誰でも学んでいくことができる場と機会を保障していくことが必要不可欠な時代になってきているといえます。

注

1　自治体職場における生々しい状況については、日本自治体労働組合総連合・黒田兼一編『新型コロナ最前線―自治体職員の証言』大月書店、2023年を、是非、参照願いたい。

2　本章は、岡田知弘「新型コロナウイルス感染症への安倍政権・自治体の対応を検証する：地域経済学の視点から」『法の科学』52号、2021年、岡田知弘編『コロナと地域経済　コロナと自治体4』自治体研究社、2021年、岡田知弘「コロナ禍と地域経済学：日本を中心に」『地域経済学研究』43号、2022年9月をもとにしながら、新しい展開を付け加えたものである。

3　例えば、山本太郎『感染症と文明――共生への道』岩波新書、2011年など。

4　ベン・ワイズナー他『防災学原論』築地書館、2010年、及び岡田晴恵・田代眞人『感染爆発に備える―新型インフルエンザと新型コロナ』岩波書店、2013年、参照。

5　学校の一斉休校問題については、水谷哲也・朝岡幸彦編『学校一斉休校は正しかったのか』筑波書房、2021年、朝岡幸彦・山本由美編『「学び」をとめない自治体の教育行政　コロナと自治体5』自治体研究社、2021年、参照。

6　長友薫輝編『感染症に備える医療・公衆衛生　コロナと自治体2』自治体研究社、2021年、参照。

7　平岡和久・尾関俊紀編『新型コロナウイルス感染症と自治体の攻防　コロナと自治体　1』自治体研究社、2021年、参照。

8　片山善博『知事の真贋』文春新書、2020年。

9　和歌山県の対応については、片山善博『前掲書』96頁以下、及び高田由一「新型コロナウイルス感染症への和歌山県の対応―『これまで』と『これから』」『住民と自治』2020年10月号、参照。

10　同調査の詳細については、前掲『コロナと地域経済』第3章（宮津友多執筆）を参照。

11　詳しくは、保坂展人「東京都世田谷区　自治体として立ち向かう」平岡和久・尾関俊紀編『前掲書』を参照。

12　岸本聡子「地域の主権を大切に、ミュニシパリズムの広がり」『住民と自治』2023年10月号、参照。

（岡田知弘）

第4章

教育委員会は新型コロナにどう対応したのか

⚊ 文部科学省と教育委員会の対応

　文部科学省（以下、文科省）は、2020年2月27日の首相の「全国一斉学校臨時休校」要請を受けて文部科学事務次官名で翌28日、各都道府県・指定都市教育委員会教育長、各都道府県知事、附属学校を置く各国公立大学法人の長等に宛てた「新型コロナウイルス感染症対策のための小学校、中学校、高等学校及び特別支援学校等における一斉臨時休業について（通知）」を発出しました。この通知を受けて、一部の地域を除いて3月2日から全国の学校が順次臨時休業に入り、公立学校のうち小・中・高等学校の99％、特別支援学校の95％が休業することになりました[1]。

(1) 文科省の「特例的な対応」

　文科省は初等中等教育局長（以下、初中局）が2020年5月15日に「新型コロナウイルス感染症の影響を踏まえた学校教育活動等の実施における『学びの保障』の方向性等について（通知）」を発出し、年度当初予定していた学習内容の指導を本年度中に終えることが困難な場合の「特例的な対応」として「次年度以降を見通した教育課程編成」を

認めています。

　その後、6月5日には初中局教育課程課長・教科書課長名で「学校の授業における学習活動の重点化に係る留意事項等について（通知）」を発出し、「特例的な対応」としての学習活動の重点化に留意するとともに、指導計画の見直しに際しては学校の授業以外の場で何を取り扱うことが適切かを検討した上で判断する必要があると示しています。この通知には、「新型コロナウイルス感染症対策のための臨時休業により、学習活動の重点化を行うこととなり、それによって学校教育法施行規則に定める標準授業時数を踏まえて編成した教育課程の授業時数を下回ったとしても、そのことのみをもって学校教育法施行規則に反するものとはされない」とあります。その一方で、臨時休業中の「登校日の設定や分散登校の実施、例えば授業1コマを40分や45分に短縮したうえでの一日当たりの授業コマ数の増加等の時間割編成の工夫、長期休業期間の短縮、土曜日の活用、学校行事の重点化や準備時間の縮減等の工夫が考えられる」とあり、「次年度以降を見通した教育課程編成」よりもむしろこうした「様々な工夫」の方に重点が置かれていました。

(2)　授業再開に向けた留意点

　都道府県によって臨時休業中の分散登校の開始時期や通常授業の再開にばらつきはあるものの、大半は全国で緊急事態宣言が解除された2020年5月25日以降に通常授業を再開しています（表4−1）。

　授業再開に向けては学校現場からさまざまな声が上がっていました。とりわけ授業日数が減る中で教育課程の再編成をどのように行っていくのかが大きな課題だったといいます[2]。そうした中で都道府県教育委員会は「学習に著しい遅れが生じることのないよう、可能な限り、令和2年度の教育課程内での補充のための授業や教育課程に位置付けな

表4-1　都道府県別学校再開の状況

	開始日	都道府県名	注記
分散登校開始	2020年4月21日	鳥取県1)	1) 4月21日〜24日まで一部の学校で時差通学
	5月16日	長野県2)	2) 5月16日〜22日までは、授業行わず、自習などの学習活動に当てる 5月23日〜31日までは授業実施
	5月18日	北海道、宮城県3)、富山県、京都府、広島県4)、香川県5)、福岡県	3) 週1回程度設定 4) 自主登校開始 5) 週1回程度設定
	5月19日	奈良県	
	5月21日	新潟県、徳島県6)、香川県7)、沖縄県	6) 5月21日、22日から学年別分散登校 7) 最終学年は毎日授業実施可
	5月25日	宮城県8)、岐阜県、愛知県、大阪府9)、島根県	8) 5月25日〜29日に複数回設定 9) 最終学年のみ可
	5月26日	東京都10)	10) 週1日、在校時間2時間程度
	6月1日	埼玉県、東京都11)、神奈川県12)、滋賀県、大阪府、兵庫県、福岡県、沖縄県	11) 週1〜3程度、在校時間2.5時間程度 12) 週1回登校（高3は週2回登校）
	6月8日	神奈川県13)	13) 週2回登校（高3は週3回登校）
	6月15日	東京都14)	14) 週3〜4日程度、在校時間6時間程度
通常授業再開	5月7日	岩手県、石川県	
	5月11日	鹿児島県	
	5月14日	佐賀県	
	5月23日	徳島県	
	5月25日	山形県、山梨県、静岡県、島根県、愛媛県、京都府15)、長崎県、宮崎県	15) 一部地域
	6月1日	北海道、宮城県、福島県、茨城県、栃木県、新潟県、富山県、長野県、愛知県、三重県、京都府、和歌山県、鳥取県、岡山県、広島県16)、熊本県、大分県、沖縄県	16) 特別支援学校は6月15日から再開
	6月8日	滋賀県、福岡県	
	6月15日	岐阜県、大阪府、兵庫県、奈良県	
	6月22日	群馬県17)、埼玉県	17) 6月22日〜29日までの間で再開
	6月29日	東京都18)	18) 時差通学のみ実施
	7月13日	神奈川県	
	7月*	千葉県19)	19) 遅くとも定期考査までに再開

出所：都道府県教育委員会ウェブサイトの情報に基づき筆者作成（2020年7月20日〜7月30日アクセス）。

＊日付が確認できませんでした。

い補習を実施すること」（北海道、3 月 24 日）、「学習に著しい遅れが生じることのないよう、補充のための授業を行うために長期休業期間を短縮して行うなど検討すること」（沖縄県、4 月 6 日）、「学習指導要領で定められた学習内容については，減じることはできない」（宮城県、5 月 28 日）のように学習の遅れを取り戻すための工夫や学習指導要領を遵守する意向を示しています。これに対し、文科省は「次年度以降を見通した教育課程編成」（5 月 15 日）および「学習の重点化」（6 月 5 日）の指針を示しました。文科省が行った調査によれば、学校現場では「様々な工夫」が行われています[3]。

(3) ICT（情報通信技術）の活用

　新型コロナウイルス感染症（COVID-19）によるパンデミック（世界的大流行）がはじまると、各国の教育政策において ICT の活用が提唱され積極的に推進されました。しかし、日本の学校教育における ICT 活用は諸外国に比べ大きく遅れをとっていました（秦 2021, p.49）。例えば、「同時双方向型のオンライン指導を通じた家庭学習」については高等学校 47％、特別支援学校 40％ に対して小学校 8％、中学校 10％であったことから小・中学校における同時双方向型のオンライン指導の導入は高等学校、特別支援学校のそれと比べて遅れていたといえます[3]。表 4−2 は、都道府県教育委員会のウェブサイトから入手した情報に基づき、臨時休業中の遠隔授業や教材の配信方法をまとめています。

　政府はこのような遅れを挽回すべく GIGA スクール構想を前倒しに進め、コロナ禍の「学びの保障」を充実させるために迅速に ICT 環境を整備することを目指したと考えられます。

　次に紹介する感想文は全国一斉休校が始まった 2020 年 4 月に高校 3 年生だった生徒が大学進学後ある授業の中で書いたもので、短い文章

表4-2　遠隔授業・教材の配信方法

内容	都道府県名
教育委員会が提供する学習支援システムや学習ポータルサイトの活用	福島県・茨城県・東京都・神奈川県・長野県・愛知県・広島県・徳島県・熊本県・宮崎県・沖縄県
教育委員会が独自に作成した動画教材を提供	北海道
文科省の学習ポータルサイトや民間事業者等の動画配信サービスを活用	岩手県・長野県・徳島県・沖縄県
ケーブルテレビ等を活用した動画配信サービス	栃木県・長野県
e-ラーニング教材等の活用	鳥取県
テレビ会議システム等を活用した双方向型オンライン授業等	福島県・長野県・徳島県
学校ウェブページ、メールによる配信等	宮城県・長野県・島根県・沖縄県

出所：表4-1と同じ。

ながらオンライン授業を準備する側の教員の様子と通学できなかった時期の生徒の心情が伝わります。

　　先生方はオンライン授業に苦戦していた。オンライン授業や課題に対する不満はなかったが、テストが無く、成績がどのように反映されるのかがわからず、不安だった。また、学校にいけないことで友人と会って話すことができないことが苦痛だった。友人関係が心の支えだった覚えはないが、学校に行って友人と会いたいという思いが強まった記憶がある。（A大学Bさん、2023年7月）[4]

　文科省は前掲の5月15日の通知の中で「経済的理由等でICT環境を準備できない家庭に対しては、学校が最大限の支援を行う」としています。ただ、通信環境がある家庭であっても実際には同居家族にネット利用者が同時に複数いる場合、家族間の調整も必要になるでしょう。欧米と違い住宅事情が決してよくない日本ではオンラインの家庭学習にはさまざまな困難があることが等閑視されていたのではないでしょうか。

苅谷剛彦は「欠けているもの（欠如態）を新たにつくり出さなければならないという発想が、（一見理想主義によって彩られた）日本の教育政策における演繹型思考の特徴である」（苅谷2020, p.28）と述べています。学校現場や家庭の実態を踏まえない演繹型思考の教育政策は当初予見していなかった多くの課題を表出させたことを指摘せざるをえません。

② 　都道府県教育委員会の対応

　都道府県教育委員会は、「全国一斉休校」（2020年3月2日から春季休業前まで）及び緊急事態宣言の発令に対して休校、学年閉鎖、学級閉鎖等の措置を施しました。但し、地域の感染状況によって教育委員会の動きが異なりました。本節では、都道府県教育委員会のうち、東京都、「全国一斉休校」より前から休校を決めた北海道をはじめとする自治体、その他の府県の教育委員会の対応について概要を紹介します。

(1) 東京都教育委員会
　東京都は、2020年1月24日に都内の新規感染者が確認されて以降、2月中旬頃から感染者数が増えはじめ、第1波における感染者数は他の道府県に比べ圧倒的に増加しました。2月26日時点で、都立高校や特別支援学校など約250校で、春休みの前倒しや卒業式の規模縮小、時差通学などに取り組む学校がありました。
　文科省からの臨時休業の要請を受けて、東京都教育庁はすべての都立学校を2020年3月2日から春休みまでの間、臨時休業としています。区市町村委員会に対しては、都立学校の方針を参考に臨時休業を要請しました。3月2日時点では、85％の自治体の区市町村立学校が3月2日から臨時休業となり、また約9割が春季休業明けまで臨時休業に

表 4-3　全国一斉休校要請及び緊急事態宣言による臨時休業の対応（東京都）

年月日	対応内容
2020 年 2 月 27 日	首相学校全校一斉休校を要請
3 月　2 日	学校全校一斉休校開始（春季休業明けまで休校）
4 月　1 日	東京都教育庁都立学校の臨時休業決定並びに区市町村教育委員会へ休校要請（春季休業の終了日の翌日から 5 月 6 日まで島しょ地域を除き休校）
4 月　7 日	緊急事態宣言発出（5 月 6 日まで島しょ地域を含む休校）
5 月　4 日	緊急事態宣言延長（5 月 7 日から 5 月 31 日まで休校）
5 月　5 日	緊急事態措置等の延長による要請（都知事から都教育委員会へ）
5 月 25 日	緊急事態宣言解除
6 月　1 日	段階的に教育活動再開（分散登校・時差通学等）

出所：東京都教育委員会ウェブサイトの情報に基づき筆者作成（2020 年 7 月 20 日～7 月 30 日アクセス）。

なりました。

　しかし、春休み期間中に感染拡大の状況が収まる様子は見られず、4月1日に教育長は春休み明け後の方針として、春季休業の終了日の翌日から5月6日まで臨時休業の延長を要請しました。その後、4月7日に政府が緊急事態宣言を発出します。

　表4-3は、4月7日の緊急事態宣言の発出以降、東京都の都立学校及び区市町村立学校での臨時休業措置に関する取り組みをまとめたものです。東京都は、6月以降段階的に通常登校の再開へと移行しました。

（2）全国一斉休校より前から臨時休業を決めた自治体教育委員会

　教育委員会の判断により、「全国一斉休校」より前に臨時休業としていた自治体があります。例えば、北海道では道内でのイベント実施による初めてのクラスターが発生するなどさまざまな原因から早期に感染が拡大しました。そこで、道知事の要請により道内の公立及び私

立の小中学校を含めて約1600校の学校が2020年2月27日（一部は28日）から3月4日まで臨時休業しました。

　千葉県市川市では、2020年2月27日に市立の全小中学校と幼稚園など約60校を28日から3月12日まで2週間臨時休業とすることを発表しました。大阪市、堺市も「全国一斉休校」に先立ち学校の一斉休校を決定しています。これらの自治体は地域の感染状況と住民の不安の声に応じて教育委員会が判断し、臨時休業を実施しました。一方、臨時休業後の対応は、各都道府県の休校措置の対応に基づき休業期間を設定しています。

(3) その他の道府県教育委員会

　東京都を除くその他の道府県教育委員会では、原則として「一斉休校」要請および緊急事態宣言の発令時期（**表4-4**）に応じて2020年3月2日から春季休業期間まで臨時休業としました。これは、全国一律に実施され、3月4日時点で市町村立小・中学校の約99％が臨時休業措置を取りました。春季休業の終了日の翌日からの臨時休業については、各都道府県の感染状況に応じて変化しており、ほとんどの地域では緊急事態宣言の発令時期を参考に臨時休業を決定しています。

　ただし、緊急事態宣言が発令されている時期が同じ地域であって

表4-4　緊急事態宣言発令期間

都道府県	緊急事態宣言発令期間
北海道	2020年4月16日～5月25日
埼玉県、千葉県、神奈川県	2020年4月7日～5月25日
京都府、大阪府、兵庫県	2020年4月16日～5月21日
福岡県	2020年4月7日～5月14日
その他38県	2020年4月16日～5月14日

出所：表4-1と同じ。

も、東京都とのアクセスが良く人の流動性が高い地域とそれ以外の地域との地域差によっては臨時休業措置に違いが生じました。したがって、緊急事態宣言の発令時期だけではなく都市部とのアクセス、流動性、人口密度等による地域差によって感染状況や警戒の態勢が変化し、臨時休業措置にも地域差が生じたと考えられます。

　次節では、市区町村における教育委員会の対応の違いを比較しました。

３　教育委員会の対応の違い（長野・東京・新潟・北海道）

　緊急事態宣言下の自治体ごとの教育委員会の対応の違いを明らかにするために、自治体教育委員会のウェブサイトから情報を収集した上で、長野県Ａ市、東京都Ｂ市、新潟県Ｃ市、北海道Ｄ町の学校を対象にした聞き取り調査（2022 年 6 月から同年 12 月まで）を行いました。長野県と新潟県は、新型コロナの感染拡大が認められた第 1 波では陽性者がほとんどなかった地域です。東京都は 2020 年 4 月 7 日に発出した緊急事態宣言の対象地域です。北海道は同年 2 月 28 日の文部科学事務次官通知の発出よりも前に学校の臨時休業を決め、4 月 16 日に全国に緊急事態宣言が拡大した際に特定警戒都道府県に指定されています。

(1) 長野県Ａ市

　長野県南部に位置するＡ市の公立小中学校は 28 校（小学校 19 校、中学校 9 校）です。Ａ市の臨時休業期間は 2020 年 3 月 2 日から春季休業明けまで、さらに長野県の「感染対策強化月間」の呼びかけをふまえて 4 月 10 日から 4 月 24 日まで臨時休業の延長を決定しています。さらに、5 月 6 日から 5 月 8 日、5 月 11 日から 5 月 24 日まで臨時休業（週 3 日以内、半日を超えない分散登校は認める）を延長しています。5 月

25日から5月29日には学校再開に向けた短縮日課での一斉休業を開始し、6月1日から通常登校を再開しています。

＊臨時休業期間中の対応＊

○登校日

　学校ごとに臨時登校を設けた。登校日には、児童生徒の学習状況の確認や健康観察などを行った。

○生活指導について

　学校ごとに教職員による家庭訪問や児童生徒への電話連絡による指導等を行った。

○児童の預かりについて

　市内の放課後児童クラブあるいは放課後デイサービスで子どもの受け入れ対策を実施した。

○学習指導について

　学校ごとに学習プリントを配布した。

○ICT活用について

　Wi-Fi端末の貸し出しを行った。

(2)　東京都B市

　多摩地域にあるB市の公立小中学校は33校（小学校22校、中学校11校）です。B市の臨時休業期間は2020年3月2日から3月25日まで（春季休業日前日）、3月26日から4月1日まで（春季休業）でした。この期間は、教育活動、部活動、クラブ活動、課外活動がすべて中止となりました。また、春休み期間中の学校開放・校庭開放は実施しませんでした。4月以降は東京都の通知によって4月1日の入学式の翌日から5月6日まで臨時休業が延長され、さらに、緊急事態宣言が延長されたのを受けて5月31日まで臨時休業を延長しました。臨時休業終了後は6月1日から6月5日まで分散登校を実施し、学級を半分にグ

ループ分けし、週2回の登校日（給食なし）、続く6月8日から6月12日も分散登校を実施し、学級を半分にグループに分け、毎日授業（給食なし）を行いました。通常登校は6月15日に再開しました（給食あり。小1のみ6月18日から給食開始）。

＊臨時休業期間中の対応＊

○卒業式・入学式の対応

2019年度卒業式は実施。制限あり（参列する保護者は1名のみ。在校生は出席せず）。2020年度入学式は実施。制限あり（保護者の参加人数を制限、時間短縮で実施）。入学式の際に、登校した児童生徒へ教科書を配布した。

○登校日

登校日は学校の判断によるものとした。学校ごと、学級ごとに登校、時間を決めて個別の対応の中で臨時休業中の学習プリントやお知らせを個別に渡し、また生徒の健康観察等を実施した。これらは、教室ではなく体育館等の広い場所に机を並べて、床に目印をつけて身体的距離を取りながら順番に行った。

○生活指導について

児童生徒に対して電話連絡や家庭訪問などを実施した。また、特別支援コーディネーターと必ず情報共有を行った。必要に応じて、スクールカウンセラーや市の教育相談につなぐ対応も行った。

○児童の預かり

学童保育での受け入れを実施した。ただし、学童保育に登録している者の中で、基本的にはエッセンシャルワーカーの中でも医療関係者の子どもを優先的に受け入れる等の制限があった。それ以外の者は、学童保育に相談の上で受け入れるか検討した。施設では、空間が狭く密になるために学童施設だけでなく、教室の一部や図書室などを開放する学校もあった。さらに、人手が不足していたので学校

の先生の他に、学習支援、給食センターに所属する者に手伝ってもらった。

○学習指導について

教科書に基づく家庭学習を実施した。適宜、学校のホームページや登校日に直接課題を配布した。文科省の学習支援コンテンツポータルサイト[5]の活用や、YouTube の限定配信を行う学校もあった。

○ICT 活用

タブレット端末については、臨時休業以前は、市内すべての小中学校に1校あたり40台を配備し、パソコン教室等の授業で活用していた。臨時休業後は、2020年度中に配備し、2021年度開始前にすべての小中学校の全学年に1人1台端末の配布が完了した。

(3) 新潟県C市

中越地方にあるC市の公立小中学校は全13校（小学校8校、中学校4校、特別支援学校1校）です。C市の臨時休業期間は2020年3月2日から始まりました。3月17日の県の通知によって3月31日まで臨時休業が延長されました。3月25日には再び通知を出して学校再開を伝達したため、4月6日に市内5校が再開し、7日には8校が再開しました。しかし、4月16日に緊急事態宣言の対象地域が全国に拡大したので5月6日まで臨時休業を延長しました。さらに、5月7日の県の通知によって5月17日まで臨時休業を再び延長しました。4月25日から5月10日の臨時休業期間は部活動も中止になりました。この間、5月11日を全校登校日として午前中の4時間のみ授業を行い、給食後に下校となりました。また5月12日から5月17日まで中学3年生は週3日、それ以外の学年は週2日登校を設定し、分散登校を実施しました。特別支援学校は週2日登校日を設定しています。通常登校は5月18日に再開しています。

＊臨時休業期間中の対応＊

○登校日・生活指導・学習指導

　学校によって登校日を設定する。小規模校は全校登校も可能とする。登校日では通常の教育活動を実施する。ただし、部活動は行わない。職員は休業期間中に5月15日まで在宅での勤務を行った。学校ごとに教職員による家庭訪問あるいは電話連絡を行った。また、児童生徒の発達段階に応じた学習課題を設定し、生活指導として家庭での生活表を作成し、毎日の健康観察等を実施した。

○ICT活用

　臨時休業以前は、タブレット端末等の取り組みは特になかった。臨時休業後は、生徒へのタブレット端末を2021年3月30日までに順次配布した。GIGAスクール構想に基づき、タブレット端末の学校への配置・授業での活用を実施し、主にGoogleが提供するサービスの利用や学習支援システムを利用した。一部の小中学校では、現在「算数（数学）・英語」の教科でデジタル教科書を利用している。

(4) 北海道D町

　北海道北東部に位置するD町の公立小中学校は全3校（小学校2校、中学校1校）です。D町は道知事・道教委・町教委の要請によって、2020年2月27日から臨時休業になり、さらに3月2日から学年末の休業日前日まで臨時休業を延長しました。3月16日から24日は分散登校とし、荷物の持ち帰り、健康観察、家庭学習の指導を実施しました。4月6日には例年どおり各学校で入学式・始業式が実施されています。しかし、4月16日に緊急事態宣言が全国を対象に拡大した直後、道教委の通知によって4月20日から5月6日まで認定こども園、小中学校は再び臨時休業になりました。さらに、緊急事態宣言が延長されたため、5月31日まで臨時休業が延長されました。この間、4月27日、

28日には分散登校が実施され、午前中3コマの授業（給食あり、下校12時、スクールバス運行）が行われました。D町では、分散登校の登校学年は学年ごとに決定しています。その後、分散登校は2020年5月18日から22日と5月25日から29日の間に週2日、午前中3コマの授業（給食あり、下校12時、スクールバス運行）が行われ、通常登校は6月1日に再開しています。

＊臨時休業期間中の対応＊

○卒業式・入学式の対応

　2019年度卒業式は実施。制限あり（時間短縮で実施）。2020年度入学式は実施。制限あり（時間短縮で実施）。両式とも一部の小中学校は卒業生、保護者、教職員のみで執り行う。一部の小学校は、児童数が少ないために在校生も参加する。始業式については、入学式と同日の2・3校時で行い、入学式前には下校させた。

○登校日の設定

　地域の規模が小さいために臨時休業の有無による格差が生じないように配慮した。

○生活指導

　学校では専門家会議で示された「換気の徹底」「多くの人が集まらない」「近距離での会話や大きな声での発声を控える」を避けるために、教室の換気、手洗い・消毒の徹底、マスクの着用やハンカチの持参などで対応を図ることを中心としていた。また、スクールバスについては、児童生徒の通学距離が4km以上の場合は運行しており、1時間以上乗車する可能性が高い。そのために、できる限りの感染対策を講じながら運行を実施した。例えば、手指消毒、バス内の換気を実施した。

○児童の預かり

　児童センターとこども園はどちらも人数制限をしながら開所してい

た。しかし、実際には感染を警戒して従来よりも利用者は減少した。感染のリスクを心配して利用しないという家庭の方が多かった。

○学習指導

臨時休業の最初の頃は、児童生徒に配布物を郵送した。4月以降は基本的にプリントを印刷し、分散登校時に持たせて、後日提出させるという流れであった。

○ICT活用

臨時休業前は、2019年度にパソコン教室にある40台のPCの更新時期であった。このタイミングで教育委員会は1人1台端末を予測していた。そのため秋頃には、タブレット端末等を、通常のパソコン教室に入れて、使えるようにしていた。学校現場での活用に教職員は苦戦している様子であった。

4　離島の対応（奄美市）

(1) 鹿児島県奄美市の概要

　本節では鹿児島県奄美市における臨時休業の実態について紹介します。鹿児島県奄美市は、2006年に当時の名瀬市、住用村、笠利町が合併しできた自治体です。奄美大島の5つの市町村のうちの1つを構成しています。人口は約4万1000人（2023年8月末時点）でその80％以上が名瀬に居住しています。奄美大島は多様性と希少性という観点から豊かな自然を有しており、2021年7月26日には「奄美大島、徳之島、沖縄島北部及び西表島」として世界自然遺産に登録されました。

　市内には県立高校が3校あります。小中学校は33校（うち併設5校）で、その多くが小規模校です。児童・生徒数は合併時には約5000人でした。2023年度の児童生徒数は3500人程度となり少子化が加速度的に進んでいます。このような状況で、奄美市教育委員会は、地域の豊

かな自然や文化、環境に触れ理解すること等を目的に、2018 年から奄美群島以外に在住の児童生徒が市内の小規模小学校・中学校に留学する「奄美市離島留学支援事業（奄美くろうさぎ留学）」も実施しています。

(2) コロナ禍における学校の対応

　鹿児島県では、新型コロナの集団感染が発生したダイヤモンド・プリンセス号が1月22日に鹿児島へ寄港していたことや、乗船していた陽性者が鹿児島でバスツアーに参加していたことをうけて、地方部としては比較的早くから議論が始まりました。県内で初めての陽性者が確認されたのは2020 年3月26日のことです。県内2例目となる感染者が確認されたのは、同年4月1日奄美群島の沖永良部和泊町でした。

　2020 年2月27日の首相による「一斉休校」要請及び28日に出された文部科学事務次官通知による要請をうけて、鹿児島県は3月2日から春休み直前の3月25日までの臨時休業を決定しました。奄美市の多くの小中学校は、3月4日から22日まで臨時休業をとりました。県立大島高校は例年全国の OB・OG を卒業式に招いていましたが、2019年度の卒業式では参加の辞退をうながしています。

　日本政府が緊急事態宣言を発令し対象地域が全都道府県へと拡大した2020 年4月16日の翌日、奄美市内ではじめて感染者が確認されます。そこで奄美市は18日に新型コロナウイルス感染症対策本部の会合を開き、20日から5月6日まで市内全ての小中学校の臨時休業を決定しました。県は緊急事態宣言を受けて22日からの臨時休業を要請していましたが、それを前倒しするかたちとなりました。

　この臨時休業により多くの活動が変更を余儀なくされています。例えば、奄美市立笠利中学校の「学校だより」によると、4、5月に実施予定だった PTA 総会は紙面による承認となり、PTA および家庭教育学

級開講式は中止、部活動は活動停止、1年生の「集団宿泊学習」や2・3年生の「修学旅行」の実施時期は4月末から12月中旬に変更となっています[6]。この臨時休業期間中、多くの小中学校は家庭訪問や電話で生活・学習指導をおこなっています。例えば奄美市立名瀬中学校は、4月22日から4月24日のあいだ生活の様子の確認と学習課題・生活のしおり等の配布のため職員が各家庭を訪問しています[7]。当時の状況について、名瀬中学校校長の外西一彦先生は「学校だより」に以下の通り記しています[8]。

　　学校にとって3月からの全国的な休校措置は、1945（昭和20）年8月や2011（平成23）年の3月に並ぶ歴史的な出来事であると言っても過言ではありません。3月4日〜22日までの19日間、4月20日〜5月6日までの17日間、年度の変わり目に2度にわたる計36日の休校措置により、これまで、卒業式や入学式、PTA総会などの行事や各教科の授業など、当たり前のようにできていたことが、次々とできなくなり、何をどのようにすればよいのか、先の見通せない不安な日々を過ごしている状況です。5月7日からようやく学校再開となり、約3週間ぶりに登校した生徒たちは、友達との再会を喜び、登校できたことに満足しながら学校生活を送っています。今回の新型コロナウイルス感染症の拡大による一連の動きのなかで、社会における学校の存在が改めてクローズアップされ、学校が正常に機能し役割を果たすことが、社会の維持には欠かせないことが社会的に共有されたのではないかと感じています。何よりも、学校に日常があること、当たり前のことが当たり前にできること。それが、社会の安心につながる。今回の事態を通して、学校の日常がいかに大切であるかを実感するとともに、そのことに感謝しながら名瀬中学校の生徒たちの教育に当たって行かねばならないと改めて肝に銘じたいと思います。

　臨時休業により不足した授業時間を確保するため、夏休みを短縮する学校も多く出てきます。奄美市は10日間（教科の授業時数としては約50時間）の臨時休業分の授業時間確保のため、夏季休業期間を短縮

して対応しています。そうしたなかで奄美市教育委員会は「『給食がないと、食事を取れない子どもが出てくるのではないか』という地域の心配も受け止め」、給食を提供しています[9]。

　その後、奄美市内の学校で臨時休業がとられたのは 2022 年 1 月です。1 月 6 日市内で過去最多となる 30 人の新規感染者が確認されたことで、奄美大島 5 市町新型コロナウイルス感染症対策本部会議で警戒レベルが「レベル 5」に引き上げられました。その結果、1 月 11 日〜14日まで市内の全小中学校は臨時休業となります。小中学校の始業式は 17 日となりました。奄美市の名瀬小学校は、密集を避けるため 1〜3年生と 4〜6 年生の登校時間を 1 時間ずらす等の対策もとっています[10]。

(3)　コロナ禍における取り組み

　このような大変な状況にありながらも、学校現場では豊かな教育実践も生まれています。例えば大島（おおしま）高校では、新型コロナウイルス感染拡大で広がる差別について考え議論し文章にまとめたものを南日本新聞社に投稿しています。奄美での感染者の確認と差別拡大を懸念し企画されたもので、奄美にある国立ハンセン病療養所の元ハンセン病患者に対する差別と関連した議論もありました[11]。

　また名瀬中学校や金久（かねく）中学校では、教職員や児童生徒らが地域住民や医療従事者を対象とした応援メッセージを掲げ設置しています[12,13]。笠利中学校では部活動の試合が全て中止になったことをうけて、各競技の協会、顧問会の教員が中心となり引退する 3 年生のためにメモリアルマッチを開催してもいます[14]。くわえて奄美新聞社は、児童生徒の夏休みの思い出づくりや IT スキルの獲得等の向上を目的に、奄美小学校の児童と名瀬中学校の生徒を対象にオンライン怪談会＆肝試しを PTA と連携し実施しています[15]。

　本稿では詳しく取り上げることはできませんが、新型コロナの感染

拡大は社会教育・生涯学習等の中小高校以外の教育現場にも多大な影響を与えました。例えば2015年に開校しベトナムやネパールなどから多くの留学生を受け入れ、地域の多文化共生の拠点となっていた奄美市名瀬の日本語学校は2020年に閉校を余儀なくされました。

他方で、先述したように多様な実践が新たに試みられたのも事実です。例えば鹿児島大学の小栗有子氏は、2021年度からオンラインも活用した「奄美環境文化教育プログラム」を立ち上げ取り組んでいます。笠利中学校の「学校だより」の「『できないこと（できなかったこと）を悔やむ』より『ピンチをチャンスに』という精神で、前向きに努力することで、道を切り拓」く実践が生まれ[16]、インターネット等を通じて学校と地域、児童・生徒と大人らが新たにつながりあっていったのです。

5 中山間遠隔地の対応（三朝町）

(1) コロナ禍における初期対応について

本節ではコロナ禍の初期段階である2020年3月から2021年3月末までの約1年間における鳥取県三朝町の取り組みを紹介します。三朝町は、鳥取県中央部に位置する、総面積は約234km^2、総人口は約6000人の町です。町の主な産業の一つとして観光業が挙げられ、町内を流れる三徳川周辺には温泉宿が集まる三朝温泉街が広がります。町内には、2019年4月に町内3小学校が合併し生まれた三朝小学校と三朝中学校が設置されており、それぞれ児童282人、生徒157人が在籍しています[17]。

鳥取県における新型コロナウイルス感染症の広がりは他都道府県と比べて遅く、2020年4月に入ってから陽性者が確認され始めました。2020年2月27日の首相による「全国一斉休校」とそれに基づき28日

に出された文部科学事務次官通知による要請を受けて、鳥取県として
は原則3月2日から県立学校の臨時休業を決定し、県内市町村教育委
員会宛に同様の対応をとるよう要請しました。三朝町でも2020年2月
28日に臨時校長会を開催しました。臨時休業を判断する権限は本来各
校長にありますが、小学校・中学校ともに足並みを揃えるため校長会
で臨時休業について協議し、すぐに休業するのではなく1週間の猶予
期間を設けた3月9日から24日までを臨時休業とし、25日からは春
休みとする方針を決定しました。鳥取県下でも多くの自治体が同様に
3月2日から学校を臨時休業する一方で、三朝町と琴浦町は3月9日
からの臨時休業を決定しました。

　1週間の猶予期間を設けた背景として、教育長は県内での発症事例
がないこと、学校や学童クラブ、そして保護者の臨時休業への準備が
整わないこと、また、高校受験を間近に控えた受験生や、何より児童
生徒の心情を考慮したことを挙げ、説明しています[18]。この1週間の
猶予を活用して、次年度に向けた学級じまいや学習指導要領で示され
た各学年の学習内容を終わらせるための調整、休校中の過ごし方や学
習の取り組み方についての指導、臨時休業中の宿題作成がされること
となりました。また、学童保育では臨時休業中も受け入れられるよう
運営体制が整備されていきました。

　小学校と中学校の卒業式は2020年3月10日に規模を縮小して実施
しましたが、その他で児童生徒が学校に行く機会は基本的になく、臨
時休業中の生活指導は学級担任が電話連絡で家庭での様子を把握する
などによって行われ、通知表の受け渡しは24日に保護者が学校まで受
け取りに来るかたちで行われました。翌年度4月7日に通常通りの日
程で学校は再開しましたが、4月16日に鳥取県も緊急事態宣言の対象
となったことから、ゴールデンウィークを挟む4月27日から5月6日
で再び臨時休業することとなりました。

中学校における部活動は、基本的に臨時休業以外の日程で行われましたが、感染症対策から校庭や体育館を複数部が同時に使わないようにしました。そのため、一日に活動できる部活動数は限られ、活動回数が減ることとなりました。一方で、2020年のゴールデンウィークを過ぎたころから、夏の総合体育大会に向けた対外試合の要望が教育委員会へ届くようになりました。そこで、県中部地区の教育長同士で調整し、「鳥取県版新型コロナ警報」[19] において注意報以下であれば、県中部地区内での対外試合を認めることとしました。

　また、新型コロナに対応し、修学旅行の行先が変更されました。従来の三朝中学校は東京方面へ出かけていました。しかし、三朝町と比較して感染が拡大する東京方面へ行くことへの不安が保護者から挙げられたことや鳥取県がふるさとキャリア教育を推進していたことから、ふるさと教育の一環として主に県内の観光地を巡る内容に変更し9月に実施しました。行先は生徒による投票に基づき決定し、鳥取市や倉吉市、近隣の島根県松江市の観光地を巡るほか、松江市では事前学習に基づき三朝町と倉吉市のPR活動を、地元三朝温泉の旅館を拠点としながら2泊3日で行いました。当初は、三朝温泉の旅館は修学旅行での利用を想定しておらず、料金が高いという理由で旅行代理店に止められたのですが、それを聞いた三朝温泉旅館協同組合が値段を割引き、予算内で対応したため、地元での宿泊が実現したといいます[20]。同様に小学校でも中止にせず、大山口列車空襲慰霊の碑や鳴り石の浜等の県内西部を1泊で巡る修学旅行を実施しました。

　他にも三朝中学校では、コロナ禍以前から三朝町の姉妹都市であるフランスの温泉町ラマルー・レ・バン町へ訪問し、ホームステイ等をする交流事業を行ってきました。しかし、2020年はコロナ禍のため訪仏が中止となりました。そこで直接訪問しなくてもできる交流のかたちはないかと模索する中で、中学生が中心となり、町内でマスクを募

集し、集まったマスクをラマルー・レ・バン町へ届ける取り組みを行いました。その後、ラマルー・レ・バン町から感謝を伝えるビデオレターが届き、中学校と町との交流が継続されました。

(2) コロナ禍における ICT 機器の活用について

　三朝町の学校では、コロナ禍以前から児童生徒数の3分の1程度のタブレットを導入していました。特に三朝中学校ではタブレットを活用した授業に力を入れており、技術・家庭における情報処理に関する授業でタブレット PC（surface）を活用していたほか、映像作成能力の向上のため、iPad を活用し生徒に撮影した動画等の編集方法や魅力について教える授業を、講師を招聘し実施していました。また、小学校でも端末（ARROWS Tab）を導入し、頻度は多くなかったものの、授業支援ツール（SKYMENU）を活用した児童の端末利用学習を行っていました。

　GIGA スクール構想に伴う一人一台のタブレット整備は、2021年2月末に不足分の端末（iPad）を導入し、3月に各学校へ端末配布、2021年4月から本格使用開始となりました。そのため2020年4月の段階では全児童・生徒分のタブレットは揃っていなかったものの、長期間の臨時休業措置がされた場合に備えるために、ICT 機器の活用について今できることはしようと、コロナ禍の当初から他校への分散授業の見学や小学校におけるオンライン授業形態の実証実験などに取り組みました。このオンライン授業形態は、町内の防災無料 Wi-Fi が整備された5つの防災拠点（地区公民館や文化ホール）に最寄りの児童をそれぞれ分散して集め、各施設と教室をオンラインで繋ぎプロジェクター等で授業をリアルタイム配信するもので、各拠点の例えば和室などに子どもたちが集まり授業を受ける様子から「三朝版寺子屋方式」と称されました。実証実験では、教室で教員がオンライン上でも伝わるよう

にゆっくりと話す様子や各拠点で児童がマイクに向かって発表する様子をスクリーンに映し出し双方向のやり取りをするほか、画面が見えているかなど児童の意思確認のための青（YES）赤（NO）カードの活用、ワークシートの活用など「三朝版寺子屋方式」の確立を図っていきました。三朝町教育委員会は、この方式について、新型コロナウイルス等の感染症対策としての利点だけではなく、「地域の拠点施設を活用することにより、管理人や利用者がその地域に住む児童の支援に携わることができ、また将来、地域交流が活性化することも可能」となるほか、「本町と同じような環境を持つ市町村においては、その活用時期や方法を変えることで、地域における少子化や世代間交流の希薄化といった課題への解決策の一つ」としての可能性を指摘しています[21]。

　三朝中学校では、コロナ禍以前からタブレットを使った実践を推進していたことからICT機器の活用に馴染みがありました。そのため、3月の「一斉休校」前の猶予期間に臨時休業期間中に活用する学習支援サイトを予め決め、その利用方法について事前に全生徒に指導をしました。また、ICT機器利用に対するハードルが小学校と比べ低かったことからその活用を積極的に進めるために、「三朝中オン密プロジェクト」と称し、生徒の家庭状況調査と合わせ、学校と各世帯・個人が持つWi-Fi機器とを結ぶオンラインの双方向交流（出席確認等から開始）を継続的に実施しました。

　このように三朝町では、さまざまな制約があるコロナ禍でもできることが模索され、新しいかたちでの学校行事の継続や感染症対策だけにとどまらない地域課題への対応を見据えたICTの活用などが試みられていきました。

注
1　文部科学省「新型コロナウイルス感染症対策のための小・中・高等学校等に

おける臨時休業の状況について（p.16 表1－1参照）」。

2　住田昌治「臨時休校から1ヶ月半、学校は今：ずっと変わらなかった「当たり前」が変わっていく好機に」（朝日新聞デジタル論座2020年4月19日付）。（https://webronza.asahi.com/national/articles/2020041700003.html、2023年9月10日閲覧）。

3　文部科学省「新型コロナウイルス感染症の影響を踏まえた公立学校における学習指導等に関する状況について」（https://www.mext.go.jp/content/20200717-mxt_kouhou01-000004520_1.pdf、2023年9月10日閲覧）。

4　筆者が勤務するA大学のある授業科目の履修生24人を対象にコロナ禍の学生生活（学校行事やオンライン授業など）についてオンライン・サーベイを行い、収集した自由記述より抽出（調査は2023年7月26日～8月7日実施、有効回答数20件、回収率83％）。Bさんが回答した自由記述形式の質問内容は「学校や大学（塾・予備校）でのオンライン授業に関する感想」についてであった。

5　文部科学省「子供の学び応援サイト～学習支援コンテンツポータルサイト」https://www.mext.go.jp/a_menu/ikusei/gakusyushien/index_00001.htm、2023年9月10日閲覧）。

6　奄美市立笠利中学校「笠利中だより　赤嶺ケ丘」2020年4月20日。

7　奄美市立名瀬中学校「名中だより4月」2020年4月22日。

8　奄美市立名瀬中学校「名中だより5月」2020年5月25日。

9　「学校給食9割が実施／夏休み短縮の鹿児島県内28市町村」南日本新聞社『南日本新聞』2020年7月21日、23頁。

10　「［新型コロナ］学び保障へ学校苦悩／鹿児島県内でオミクロン株猛威＝クラスター続き警戒強」南日本新聞社『南日本新聞』2022年1月21日、21頁。

11　「［NIE―教育に新聞を］新型コロナ差別なくそう／奄美市の大島高1年、新聞投稿し訴え＝「ハンセン病を教訓に」南日本新聞『南日本新聞社』2020年5月21日、14頁。

12　奄美市立名瀬中学校ブログ「渓流」2020年4月23日（https://blog.canpan.info/nacyu480011/monthly/202004/1）（2023年9月19日最終確認）。

13　「コロナ禍に横断幕で応援メッセージ　金久中」南海日日新聞社『南海日日新聞電子版』」2020年7月10日。

14　奄美市立笠利中学校「笠利中だより　赤嶺ケ丘」2020年7月29日。

15　「肝試し怪談会」奄美新聞社『奄美新聞』2020年9月2日（https://amamishimbun.co.jp/2020/09/02/26941/）（2023年9月19日閲覧）。

16　奄美市立笠利中学校「笠利中だより　赤嶺ケ丘」2020 年 10 月 29 日。

17　令和 5 年度学校基本調査（鳥取県）速報（https://www.pref.tottori.lg.jp/312276.htm、2023 年 9 月 12 日閲覧）。

18　令和 2 年第 1 回三朝町教育委員会臨時会資料（http://www.town.misasa.tottori.jp/files/45709.pdf、2023 年 9 月 12 日閲覧）。

19　鳥取県では、県内の感染拡大の状況を新規陽性患者数、感染経路不明等、病床・人工呼吸器稼働率に基づき注意報、警報、特別警報の 3 段階でわけ、段階ごとに活動制限とその要請、医療強化の方針を決める鳥取県版新型コロナ警報を 2020 年 6 月に設けました。基準は 10 月に見直され、県内一括から東部・中部・西部ごとの発令とし、新規陽性患者数と確保病床稼働率に基づく基準に変更しました。執筆時点（2023 年 9 月）では新型コロナ感染症の 5 類感染症への移行に伴い再度見直され、即応病床に対する中等症Ⅱ以上の患者数を発令の目安としています。

20　「コロナ下での修学旅行は」日本教育新聞電子版、2020 年 9 月 7 日（https://www.kyoiku-press.com/post-220589/、2023 年 9 月 12 日閲覧）・「コロナ禍の修学旅行　地域連携でリアル体験」、教育新聞（電子版）、2020 年 12 月 1 日（https://www.kyobun.co.jp/close-up/cu20201201/、2023 年 9 月 12 日閲覧）。

21　鳥取県三朝町教育委員会「児童生徒の学びを止めない三朝町教育委員会の取組について～三朝版寺子屋方式と、できることから挑戦する機器の活用について～」教育委員会月報、令和 4 年 7 月号（2022 年）、11-14 頁。

引用・参考文献

・秦範子「学校・教育委員会―コロナ禍の教育政策分析を通して―」水谷哲也・朝岡幸彦編著『学校一斉休校は正しかったのか？―検証・新型コロナと教育』（筑波書房、2021 年）。

・苅谷剛彦『コロナ後の教育へ―オックスフォードからの提唱』（中公新書ラクレ、2020 年）。

（秦範子・福永百合・酒井佑輔・石山雄貴）

第5章

新型コロナウイルス感染予防のための
学校一斉臨時休業と法

1　はじめに

(1) 背景

　新型コロナウイルスの感染拡大が懸念される中、2020 年 1 月 30 日に政府新型コロナウイルス感染対策本部が閣議決定により設置され、その諮問機関として設置された新型コロナウイルス感染症対策専門家会議は 2 月 24 日に「これから 1-2 週間が急速な拡大に進むか収束できるかの瀬戸際」であるとの見解をまとめました。これを受けた形で政府対策本部は、あくる日 2 月 25 日に、「新型コロナウイルス感染症対策の基本方針」の一つとして「学校等における感染対策の方針の提示及び学校等の臨時休業等の適切な実施に関して都道府県等から設置者等に要請する」という方針を示しました。さらに 2 日後の 2 月 27 日、安倍内閣総理大臣（当時）は「子どもたちの健康、安全を第一に考え、また感染リスクにあらかじめ備える」として、全国全ての小学校、中学校、高等学校、特別支援学校（以下、単に学校と呼ぶ）について、3 月 2 日から春休みまでの一斉臨時休業を要請する考えを表明しました。

　これを受け文部科学省は 2 月 28 日に都道府県教育委員会等にその要

請を通知し、この通知を受けた各教育委員会は、早いところで2月28日には市町村長に同内容の要請を通知しました。その結果日本全国ほとんどの学校で一斉臨時休業が実施されることになりました。2020年3月4日午前8時時点で、市町村立の小学校は98.8%、中学は99.0%、都道府県立高校は99.0%、国立の小中高校は100%が、一斉臨時休業するに至ります（文部科学省2020）。

　しかし、この感染症予防を目的とした全国一斉臨時休業の要請には、現場の地域や学校に大きな混乱を生む等の批判の他に、この要請は法的根拠を欠くとの批判がありました。

(2) 本稿の目的

　そこで本稿では、①感染症予防を目的とした学校の臨時休業の実施を決定する権限は誰にあるのか、そして②感染症予防を目的とした学校の臨時休業を要請する権限は誰にあるのかを明らかにしようと思います。そして③最後にこの内閣総理大臣の要請は適法だったのかについて考察します。

２ 感染症予防を目的とした学校の臨時休業の実施を決定する権限は誰にあるのか

(1) 学校保健安全法に基づく臨時休業

　感染症予防を目的とした学校の臨時休業の実施を決定する権限は誰にあるのか、については、学校保健安全法に定めがあります。まず、学校保健安全法について概要を述べます。この法律は、大きく分けて「学校保健（第2章）」のパートと「学校安全（第3章）」のパートに分けることができます。「学校保健」のパートでは、学校における児童生徒等及び職員の健康の保持増進を図るため、学校における保健管理に

関し必要な事項を定めています（第1条、第4条）。「学校安全」のパートでは、学校における教育活動が安全な環境（主に事故、加害行為、災害からの安全）において実施され、児童生徒等の安全の確保が図られるよう、学校における安全管理に関し必要な事項を定めています（第1条、第26条）。

第1章の総則では、この法律の目的（第1条）、「学校」及び「児童生徒等」の定義（第2条）、国及び地方公共団体の責務（第3条）が定められており、第2章の「学校保健」では、学校の管理運営等（第1節・第4条から第7条）、健康相談等（第2節・第8条から第10条）、健康診断（第3節・第11条から第18条）、感染症の予防（第4節・第19条から第21条）、学校保健技師並びに学校医、学校歯科医及び学校薬剤師（第5節・第22条から第23条）及び地方公共団体の援助及び国の補助（第6節・第24条から第25条）について定めています。

第3章の「学校安全」では、学校安全に関する学校の設置者の責務（第26条）、学校安全計画の策定等（第27条）、学校環境の安全の確保（第28条）、危険等発生時対処要領の作成等（第29条）及び地域関係機関等との連携（第30条）について定めています。

第4章の雑則では、学校設置者の事務の委任（第31条）及び専修学校の保健管理等（第32条）について定めています。

このうち感染症の予防については、第2章の学校保健のパートの感染症の予防（第4節・第19条から第21条）に定めがあり、そこでは、校長による児童生徒等の出席停止について（第19条）、学校の設置者による臨時休業について（第20条）及び学校における感染症の予防に関し必要な事項は関連法令の他文部科学省令で定めることについて（第21条）規定しています。

臨時休業については、第20条で次のように定めています。

（臨時休業）
　第20条　学校の設置者は、感染症の予防上必要があるときは、臨時に、学校の全部又は一部の休業を行うことができる。

　ここで「設置者」については学校教育の基本法である学校教育法の第2条に定めがあり、「学校は、国、地方公共団体及び私立学校法第三条に規定する学校法人のみが、これを設置することができる」としています（第1項）。これからわかる通り設置者とは、国、地方公共団体、私立学校法第3条に規定する学校法人のうちの何れかであり、従って、感染症予防を目的とした学校の臨時休業の実施を決定する権限は、これら3者にあることになります。
　そのうち、地方公共団体が設置者である場合は、当該地方公共団体の教育委員会が臨時休業の実施を決定することになります（21条9号）。
　もっとも、第4章雑則の第31条には、「学校の設置者は、他の法律に特別の定めがある場合のほか、この法律に基づき処理すべき事務を校長に委任することができる」としていることから、委任を受けていれば、校長が学校の全部又は一部の休業を行うことができることになります。

(2) 学校教育法施行規則63条に基づく臨時休業

　その他、臨時休業に関する法令として、学校教育法施行規則63条があります。

　　第六十三条　非常変災その他急迫の事情があるときは、校長は、臨時に授業を行わないことができる。この場合において、公立小学校についてはこの旨を当該学校を設置する地方公共団体の教育委員会（公立大学法人の設置する小学校にあつては、当該公立大学法

人の理事長）に報告しなければならない。

　これは、急迫の事情が生じた場合は、教育委員会での判断を待つのは合理的ではいため、現場責任者である校長が直ちに臨時休業の措置をとることができるようにした規定です。但し、事後において教育委員会に報告する必要があります。

(3) 一斉臨時休業決定の経緯とその意思決定プロセス──Ａ市の例

　今回の新型コロナ感染拡大防止を目的とした一斉臨時休業の決定までの経緯とその意思決定プロセスを、長野県Ａ市を例として示しておきたいと思います。先に示したように地方公共団体が学校の設置者である場合は、感染症防止を目的として臨時休業を実施する権限を持つのは、当該自治体の教育委員会です。そこでＡ市教育委員会職員に、教育委員会のその決定までの経緯やその意思決定のプロセスについて聞き取り調査を行いました。まず、一斉臨時休業は数度にわたり行われていたので、それぞれの経緯を、それらが行われた理由を含めた形で以下に示したいと思います。

　① 2020 年 3 月 2 日から春季休業までの学校一斉臨時休業の決定
　安倍内閣総理大臣は 2 月 27 日、全国学校一斉休業の要請を行いました。2 月 28 日これを受け文部科学省は、都道府県教育委員会へこれを通知し、県教育委員会は、Ａ市教育委員会へこれを通知しました。これを踏まえ、感染拡大抑制に向けて早期の対応が必要との判断のもと、3 月 2 日から春季休業まで、学校の一斉臨時休業を実施する決定をしました。

　② 4 月 10 日からの学校一斉臨時休業の決定（4 月 10 日〜4 月 24 日）
　次に県の「感染対策強化月間」（4 月 10 日〜4 月 24 日）による呼びかけを踏まえ、この期間の一斉臨時休業の実施を決定しました。但し、4

月10日は午前中に限り臨時的な登校日とし、以降は児童生徒の学習状況確認、生徒指導、健康観察を行うために各校の状況に応じて登校日を設定しました。

③4月24日　学校一斉臨時休業の延長

4月16日の国による緊急事態宣言区域の全都道府県への拡大、4月17日の県による「新型コロナウイルス感染拡大防止のための長野県の緊急事態措置等」の発表及び県教育委員会の市町村学校の一斉休業の要請の通知を受け、一斉臨時休業期間を4月24日までから5月6日までへと延長する決定をしました。但し、児童生徒の学習状況確認、生徒指導、健康観察を行うために各校の状況に応じて登校日を設定しました。

④5月6日　学校一斉臨時休業の再延長（5月8日まで）

国内、県内の感染状況、連休中の人の動き等を考慮し、一斉臨時休業を更に5月8日まで延長することを決定しました。

⑤5月11日　学校一斉臨時休業の再延長（5月11日〜5月24日）

同様の理由で、一斉臨時休業を5月11日から5月24日までに再延長することを決定しました。但し、週3日以内、半日を超えない分散登校を認め、分散登校の方法は、各学校で検討し実施することとしました。

⑥5月25日　短縮日課での登校開始（5月25日〜5月29日）

5月25日から5月29日の間、学校再開（学校に慣れるための期間）に向け短縮日課での登校を実施しました。

⑦6月1日　通常日課での学校再開

また、一斉臨時休業の意思決定プロセスについてもＡ市職員に対して聞き取り調査を行いました。それをまとめると、①市の危機管理室から市教育委員会への情報提供、②市教育委員会が校長会を主催して

校長と情報共有、③校長は市教育委員会が定めた期間に従って臨時休業を行ったとのことでした。

　このように一斉臨時休業の経緯や意思決定プロセスを見ると、短い期間で意思決定をしなければならなかったことと、概ね国や県の意向をふまえていたこと及び現場にできるだけ混乱を起こさないような意思決定プロセスを組み立てていたことがわかります。

③ 感染症予防を目的とした学校の臨時休業を要請する権限は誰にあるのか

(1) 新型インフルエンザ等対策特措法の概要

　感染症予防を目的とした学校の臨時休業を要請する権限は誰にあるのかについては新型インフルエンザ等対策特措法（以下特措法と呼ぶ）に定められています。そこでまず、この特措法の核となる部分だけではありますがその概要を述べます。

　この法律の目的は以下の通りです。「この法律は、国民の大部分が現在その免疫を獲得していないこと等から、新型インフルエンザ等が全国的かつ急速にまん延し、かつ、これにかかった場合の病状の程度が重篤となるおそれがあり、また、国民生活及び国民経済に重大な影響を及ぼすおそれがあることに鑑み、新型インフルエンザ等対策の実施に関する計画、新型インフルエンザ等の発生時における措置、新型インフルエンザ等まん延防止等重点措置、新型インフルエンザ等緊急事態措置その他新型インフルエンザ等に関する事項について特別の措置を定めることにより、感染症の予防及び感染症の患者に対する医療に関する法律その他新型インフルエンザ等の発生の予防及びまん延の防止に関する法律と相まって、新型インフルエンザ等に対する対策の強化を図り、もって新型インフルエンザ等の発生時において国民の生命

及び健康を保護し、並びに国民生活及び国民経済に及ぼす影響が最小となるようにすることを目的とする。」（1条）。

　これを目的とした具体的措置は次の通りです。新型インフルエンザ等に備え、政府はあらかじめ行動計画を作成・公表しておかなければならず（6条）、それを受けて都道府県知事及び市町村長も同計画を作成しなければなりません（7条、8条）。

　新型インフルエンザ等が発生したと認められた場合、厚生労働大臣は内閣総理大臣にその状況等を報告しなければならず（14条）、内閣に新型インフルエンザ等対策本部が設置され（15条）、内閣総理大臣がその本部長を務めます（16条）。政府対策本部長は、新型インフルエンザ等対策を的確かつ迅速に実施するため特に必要があると認めるときは、都道府県知事に対し必要な指示をすることができます（20条3項、かつては緊急事態宣言後でないと指示が行えませんでしたが（旧33条1項）、2023年法改正で政府対策本部設置後に行えるようになりました）。政府対策本部が設置されたときは、都道府県対策本部が設置され（22条）、都道府県知事がその本部長を務めます（23条）。都道府県対策本部長は、当該都道府県の区域に係る新型インフルエンザ等対策を的確かつ迅速に実施するため必要があると認めるときは、公私の団体又は個人に対し、その区域に係る新型インフルエンザ等対策の実施に関し必要な協力の要請をすることができます（24条9項）。

　この政府対策本部長は、新型インフルエンザ等が国内で発生し、その全国的かつ急速なまん延により国民生活及び国民経済に甚大な影響を及ぼし、又はそのおそれがあるものとして政令で定める要件に該当する事態が発生したと認めるとき、緊急事態宣言を出すことができます（32条）。期間は2年までであり（32条2項）1年に限り延長することができます（32条3項及び4項）。

　緊急事態宣言が出されると、都道府県対策本部長は、当該都道府県

の区域に係る新型インフルエンザ等対策を的確かつ迅速に実施するため特に必要があると認めるときは、関係市町村長等並びに指定公共機関及び指定地方公共機関に対し、必要な指示をすることができます（33条2項）。特定都道府県知事（特定都道府県とは緊急事態措置を実施する区域を含む都道府県をいう）は、学校、社会福祉施設、興行場、多数の者が利用する施設の管理者やイベント開催者に対して、施設の使用の制限や停止等を要請することができます（45条1項）。もし正当な理由がないにもかかわらず要請に従わないときは、必要な場合にはその要請に基づく措置を行うよう命令することができます（45条3項）。この命令に違反した場合には、30万円以下の過料に処されます（79条）。

　また新型コロナウイルス感染に対応するために「新型インフルエンザ等まん延防止等重点措置」の制度が追加されています。「政府対策本部長は、新型インフルエンザ等が国内で発生し、特定の区域において、新型インフルエンザ等のまん延を防止するため、新型インフルエンザ等まん延防止等重点措置を集中的に実施する必要があるものとして政令で定める要件に該当する事態が発生したと認めるときは、当該事態が発生した旨及び次に掲げる事項（期間、区域、当該事態の概要）を公示する」というものです（31条の4第1項）。期間は6カ月までで（31条の4第2項）、6カ月に限り延長・再延長をすることができます（31条の4第3項）。

　新型インフルエンザ等まん延防止等重点措置を実施することが決定されると、政府対策本部長は、新型インフルエンザ等対策を的確かつ迅速に実施するため特に必要があると認めるときは、都道府県知事等に対し、必要な指示をすることができます（31条の5）。都道府県知事（2条参照）は、事業者に対して営業時間の変更等まん延防止に必要な措置を行うようを要請することができ（31条の6第1項）、正当な理由がないのにこの要請に応じないときは、この要請に係る措置を行うよ

う命ずることができ（31条の6第3項）、この命令に違反した場合は30万円以下の過料に処されます（80条1号）。また、都道府県知事はこれら要請又は命令をしたときはその旨を公表することができます（31条の6第5項）。そして住民に対しては、その事業者の営業時間以外にはみだりの出入りしないこと等の<u>協力要請</u>をすることができます（31条の6第2項）。

(2) 感染症予防を目的とした学校の臨時休業を要請する権限は誰にあるのか

　以上述べてきたことから、感染症予防を目的とした学校の臨時休業を要請する権限は誰にあるのかに対する答えは、政府対策本部の設置後の協力要請は<u>都道府県対策本部長</u>であり、緊急事態宣言がなされた後の要請は<u>特定都道府県知事</u>であり、新型インフルエンザ等まん延防止等重点措置を実施することが決定された後の要請は<u>都道府県知事</u>ということになります（24条9項、31条の6第1項、45条1項）。但し、政府対策本部の設置後であれば<u>政府対策本部長である内閣総理大臣</u>は、新型インフルエンザ等対策を的確かつ迅速に実施するため特に必要があると認めるときは、都道府県知事等に対し、必要な指示をすることができます（20条3項）。ここでの「指示」とは一定の行為に従うよう求めるもので、法的拘束力を伴います。

4 安倍内閣総理大臣の行った全国学校一斉臨時休業要請の法的根拠

(1) 問題の所在

　問題は、安倍内閣総理大臣のこの要請をした日（2月27日）は、新型インフルエンザ等対策本部が設置される前（3月26日）であり、当然政府緊急事態宣言が出される（4月7日）よりもずっと前であった点

です。前述のように、政府対策本部長である内閣総理大臣が都道府県知事等に対して要請を指示することができるのはその当時は緊急事態宣言を出した後でした（現行法は対策本部設置後）。そのため、安倍内閣総理大臣の要請には制定法上の根拠がありませんでした。仮に緊急事態宣言後の表明であれば、内閣総理大臣は、要請の権限のある都道府県知事に対し、その要請をするように法的拘束力のある指示をだすことは可能だったと解釈できます。

　しかし、以下に述べますように、この安倍内閣総理大臣の要請は、制定法上の根拠は無くても適法と解釈することも可能です。

　ここからは、地方公共団体が設置する学校と私立学校に分けて説明しようと思います。この２種の学校で、法律的な説明が変わってくるからです。そして、先に私立学校の説明をした方が分かりやすいので先に私立学校の場合について説明します。

(2) 法律による行政の原則——私立学校の場合

　「法律による行政の原理」とは、「行政の諸活動は、法律の定めるところにより、法律にしたがって行われなければならない」という法原則をいいます[1]。この原則の趣旨は、①行政活動に対する法的安定をはかり、また②行政活動に対して民主的コントロールを行うことで、③国民（私人）の権利・自由を保護する点にあります[2]。

　この原理の具体的内容として、法律の法規創造力の原則[3]、法律の優位の原則[4]、法律の留保の原則の３つの原則がありますが、ここで問題となるのは、法律の留保の原則です。法律の留保の原則とは、「行政活動は、それがおこなわれるためには、必ず法律の根拠を必要とする」という原則です[5]。ただ、「法律の留保」がどの範囲の行政活動に適用されるのか、については争いがあります。判例及び実務は、この原則が適用されるのは「私人の『自由と財産』を侵害するような行政活動

だけであって、それ以外の行政活動は、現にあるほかの法律に触れないかぎり、自由におこないうる」と解釈しています[6]（侵害留保説）。それでは、安倍内閣総理大臣の行った「要請」にはこの原則が適用されるのでしょうか。適用されれば法律の根拠は必要であり、要請は違法だったということになります。

　この点、「要請」の法的性格は「行政指導」の一種であると考えられます。行政指導とはおおよそ、「私人を直接相手として行われる、行政主体（国や地方公共団体等）の行為であって、私人の法的利益に直接の変動を及ぼさないという意味において事実的な行為」です[7,8]。このため、行政指導は事実行為に過ぎず法的には「無」であると考えられています。とすれば、行政指導は、「私人の『自由と財産』を侵害するような行政活動」ではないことになり、行政指導には法律の根拠は必要ないということになります。判例・実務はこのような立場に立つことが多いです。

　但し、「およそ一般的に行政指導に法律の根拠を必要としないとすることまでいえるかは疑問である」とし、「たとえ侵害留保の原則に立ったとしても、……事実上規制的に作用することが、客観的に予想しうるような場合、いいかえれば、相手方の任意性が客観的にみて期待できないような場合には、法律の根拠が必要」との有力説もあります[9]。

　行政指導についての判例・実務の多くが採用する考え方からすれば、安倍総理大臣の学校一斉休業の要請には、法律の根拠は必要なかったのであり、その要請は適法なものと解釈できます。

　では有力説に立てばどうでしょうか。そもそも日本では政府から国民に対し要請があれば事実上強制になることが多く、特に新型コロナの感染拡大という緊急の事態における内閣総理大臣による直接の要請であれば、なおさらと思われます。とすれば、この要請は「相手方の任意性が客観的にみて期待できないような場合」にあたり、この要請

にも法律の根拠が必要だったと解釈する余地があります。私はこの考え方に与しています。この場合、安倍内閣総理大臣の行った「要請」は違法であることになります。

(3) 「関与の法定主義」——地方公共団体が設置する学校の場合

　地方公共団体が設置する学校については、上記私立学校とは異なる説明が必要であると考えています。そのとっかかりが「関与」の考え方です。「関与」の定義は地方自治法245条に示されていますが、おおよそ、普通地方公共団体の事務の処理に関し、国の行政機関または都道府県の機関が一定の働きかけをする行為をいいます。条文には関与の類型が示されています。例えば、「助言又は勧告」(1号イ)、「資料の提出の要求」(1号ロ)、「是正の要求」(1号ハ)、「同意」(1号ニ)、「許可、認可又は承認」(1号ホ)、「指示」(1号ヘ)、「代執行」(1号ト)です。

> (関与の法定主義)
> 第二百四十五条の二　普通地方公共団体は、その事務の処理に関し、法律又はこれに基づく政令によらなければ、普通地方公共団体に対する国又は都道府県の関与を受け、又は要することとされることはない。

　これは、「関与の法定主義」を定めたものです。これは、「法律による行政の原理」の考え方を国と地方公共団体という行政主体間の関係について具体化したものといえます[10]。

　安倍内閣総理大臣の行った「要請」は、どのような性質の関与なのか、についてあまり議論がされておらず、以下は私見になります。

　この要請は、「助言又は勧告」に類するものか、それとも「指示」に

類するものかが議論になると思います（そもそも新しい関与の形かもしれません）。「助言又は勧告」とは、客観的に妥当性のある行為又は措置を実施するように促したり、又はそれを実施するために必要な事項を示したりすることで[11]、法的拘束力を伴いません。「指示」とは一定の行為に従うことを求めるもので、法的拘束力を伴います。

　いずれにも、「関与の法定主義」が妥当し、法律又はこれに基づく政令の根拠が必要です。但し、「助言又は勧告」は同法245条の4に規定があり、この規定を直接根拠として行使することができます[12]。これに対し「指示」は法律又はこれに基づく政令の根拠が別途必要になります。

　この議論も結局、前記の「法律による行政の原則」での議論と同様に、この要請が法的拘束力のあるものかどうかに関わってきます。一方では、この「要請」は形式的には、法的拘束力のない「助言又は勧告」に類するものであり、当該要請には法律又はこれに基づく政令の根拠は不要であるとする考え方があり、もう一方では、「要請」は、実質的にみれば法的拘束力のある「指示」に類するものであり、当該要請には法律又はこれに基づく政令の根拠が必要とする考え方があると思われます。私は私立学校の場合と同様の理由から後者の考え方に与します。後者の立場に立てば、安倍内閣総理大臣の行った要請は、「関与の法定主義」に反するものであることになります。

5 最後に

(1) 憲法問題

　今回取り上げた安倍元内閣総理大臣の「要請」については、これまで述べてきた法的問題の他に、教育を受ける権利（憲法26条）を侵害するものではなかったかといった憲法問題もありますが、紙面の都合

上割愛しました。ただ、教育を受ける権利について一言だけ述べたいと思います。

　教育を受ける権利は、具体的には主に子どもの学習権を指しますが、この要請によって子どもの学習機会が大幅に制限されたのは事実であり、これにより子どもの学習権が大きく制限されました。ただ、人権であっても絶対無制限に保障されるものではなく、「公共の福祉」（12条・13条）による制限を受けます。そこで、どの程度まで制限できるのかが問題となりますが、これは「必要最小限度」の制限は許されると解釈されています。今回の要請の場合、その判断材料となるのは、「この要請が（「実質的」にあるいは「形式的」に）法的拘束力があるものなのか」及び（「全国一斉」に学校休業することが合理的か）などだと思われます。

(2) 政策的にみて妥当か

　しかしこれまで見てきたのは、内閣総理大臣の全国一斉学校休業の要請が適法か否かの話であり、この要請が適法なものだとしても、この要請が政策的にみて妥当か否かは全くの別問題になります。これについては、この本の他の論考に委ねることとしたいと思います。

　但し、妥当か否かを判断する場合には、次のようなことを同時に考えていく必要はあるのではないかと思います。死者が出ている未知のウイルスが感染拡大している状況で、感染症対策の専門家会議が「これから1-2週間が急速な拡大に進むか収束できるかの瀬戸際」であるとの見解を示したとき、最悪の事態を想定すべきとされる国の危機管理の鉄則を踏まえると、政府のトップは具体的にどのような政治的判断をすべきだったかについては今一度、整理しておくことが必要ではないかと思います。

注

1　藤田宙靖『新版行政法総論（上）』（青林書院、2020年）62頁参照。

2　同上61頁参照。

3　法律の（専権的）法規創造力の原則とは、「新たに法規を創造するのは、法律、すなわち立法権の専権に属することであって、行政権は、法律による授権が無い限り法規を創造することはできない」ということです。同上63頁。

4　法律の優位の原則とは、「行政活動は、存在する法律の定めに違反して行われてはならない」ということです。同上65頁。

5　同上67頁参照。

6　同上87頁参照。

7　同上364頁参照。

8　もっとも、行政手続法は、「行政指導」の概念につき、「行政機関がその任務又は所掌事務の範囲内において一定の行政目的を実現するため特定の者に一定の行為又は不作為を求める指導、勧告、助言その他の行為であって処分に該当しないものをいう」との定義規定をおき（同法2条6号）、これによって、同法が適用される行政指導の範囲を明らかにしました。ただ、行政指導の名の下に取り上げる行政作用の多くはこの中に含まれることになりますが、ただこの、定義規定に、問題となる行政作用の全てが網羅的に吸収されるわけではありません。同上365頁参照。

9　塩野宏『行政法Ⅰ（行政法総論）第6版』（有斐閣、2015年）228頁-231頁。

10　松本秀昭『要説地方自治法〔第十次改訂版〕―新地方自治制度の全容―』（ぎょうせい、2018年）673頁。

11　同上、678頁。

12　同上、673頁・678頁。

（榎本弘行　李聡）

第6章

社会教育は新型コロナにどう対応したのか

■1 はじまり

　日本において新型コロナウイルス感染症（COVID-19）による厄災（以後「コロナ禍」と表記）は、2020年1月に最初の感染者が確認されてから2023年10月現在まで9波に及び、感染拡大と小康状態を繰り返してきました。2020年2月27日、安倍首相（当時）が全国の学校に対して臨時休校を要請し、その後4月7日に日本政府は国内で初めての「緊急事態宣言」を発令しました。

　感染が拡大していない地域も含め、同年2月28日付の通知以降全国の学校は一斉臨時休校となり、社会教育・生涯学習施設も臨時休館という対応となりました。同年6月1日以降ほとんどの学校や社会教育・生涯学習施設は条件付きの再開となり、約3年間感染拡大と小康状態を繰り返し、2023年5月8日に新型コロナウイルスの感染症法上の位置づけの変更及び政府の対処方針の取り扱いの変更により、2023年10月現在ではほとんどの施設利用や社会的な制約は、コロナ禍以前の状態に戻ったようにみえます。

　NPOとして取り組む社会教育も市民の間で学びあう社会教育もコロナ禍では行われていましたが、この節では、社会教育はコロナにど

のように対応したのかを、公民館・博物館・図書館の実践から報告します。

2 公民館での対応

(1) コロナ禍の公民館

　コロナ禍以前の公民館における活動スタイルは、対面での相互学習方式と表記できる方法で行われてきました。しかし、コロナ禍においてはいわゆる三密回避や対人距離の確保といった社会的制約が課され、全国的にそれまでの学習スタイルでの活動が一時的ではありましたが継続できなくなってしまいました。

　公民館に課された制約は、公民館利用者の学習活動に少なからず影響を与えました。例えば、仲間と会えなくなり孤立感が生じたとか、改めて地域の仲間との会話が大事であるといった声を多く聞きました。

　しかし、コロナ禍において新たな取り組みも散見されます。長野県松本市の大庭町会・大庭公民館（町内公民館）・地元住民有志らがつくる「寺子屋大庭未来塾」では、これまでの公民館活動や地域づくり活動に参加してきた市民に限定されず、さまざまな人たちがこの取り組みに緩やかに参加しはじめました[1]。また、職員集団による「国立市公民館の職員に求められる専門性や基本的姿勢について」検討する取り組み事例もありました[2]。

　コロナ禍を経て新たな公民館像を見出す取り組みが試行錯誤される中、公民館では学習情報の提供や情報発信という領域でデジタル化・オンライン化の対応が遅れていたことから、さまざまな課題が表面化し対応力が問われることになりました。コロナ禍を経験した3年の間に、主催講座の申込みは直接来館や電話での対応からE-mailの利用が進み、施設内にWi-Fi環境が整備されたことによって、オンラインで

の会議開催や講座受講が一気に実現しました。

　以下に、東京都多摩地域における公民館のデジタル化に対する新たな取り組みについて紹介します。

(2) 広域連携事業「たま学びテラス」

　東京都日野市と多摩市は、多摩川中流域の右岸に位置する住宅都市です。古くからその歴史と文化等を共有していることもあり、2021年から二市の協働による「たま学びテラス」事業を開始しました。コロナ禍での市民の学習の保障を行い、広域的に地域資源を活用することで多摩地域の市民の生涯学習環境の充実を図ることを事業目的としています。具体的には両市の公民館がさまざまな連携を行い、多角的な学習フィールドを提供することで多摩地域の市民のより豊かな暮らしを支える学習環境の整備を目指すものです。事業期間は2021年度から2023年度までの3カ年として、主にICT環境の整備や大学連携等、以下の3つの事業を行っています。

　①インターネットを活用した市民大学事業の連携

　②市民が気軽にICTに触れ合う機会の醸成

　③多摩地域の社会的資源を活用した多世代交流イベント等の開催

　『令和4年度日野市中央公民館の運営状況に関する評価書』[3]によると、第一の事業である市民大学事業は、日野市で実施しているオンライン市民大学連携「ひの市民大学」には全5回延べ人数312人が参加。多摩市で実施している「関戸地球大学院」には、全6回延べ230人（内29人が日野市民）が参加しました。また、市民同士の交流ができる体験型まち歩き講座「川崎街道今昔クエスト」では、日野市の学芸員がガイドを務め、8人が参加しました（全4回予定されたが新型コロナウイルス感染症対策のため3回は中止）。

　第二の事業である動画制作については、「動画づくりはじめの一歩」

という講座名で全4回行われ、スマートフォンでの動画作成に延べ36人が参加しました。第三の多世代交流事業は、帝京大学と協働して「大学生と一緒にSDGsカードゲーム」が行われ、18人が参加しました。

「たま学びテラス」の事業成果として、①両市の市民が市民大学講座等にインターネットを活用して参加できる仕組みの構築、②両市の公民館のICT機材を整備し、「動画づくり講座」の実施等による市民の情報発信力強化、③両市の社会的資源を活用した多世代交流の実現が挙げられています。2021年度事業に対する日野市公民館運営審議会の意見としては、近隣の大学生との協働的な学びの展開や両市を結ぶ社会資源を利用して、互いの歴史や魅力を紹介し、高め合うような企画の実施に期待したい、とあります。今後の課題としては、公民館が両市の市民に対してどのような関わりを構築できるのか、中長期的な具体的なビジョンの展開、職員のICT技術の取得と継承などが指摘されています。

連携している多摩市の『令和4年度多摩市教育委員会事務点検評価報告書』[4]によると、第一の事業でまち歩き講座は、まち歩きの様子を継続学習に向けて公民館と受講生において限定公開の動画で共有し、郷土史学習の振り返りをオンラインで各自でも行える教材として活用するICT活用による新たな学習手法の試みとして評価されています。

(3) シニアICT支援事業

日野市では2021年度より中央公民館、高齢福祉課、地域協働課の三課が連携して、高齢者のデジタル格差解消を目的とした事業を実施しています（**図6-1**）。具体的には、公民館で高齢者がスマートフォンの基本操作を学ぶ「スマートフォン使い方講座」と、高齢者にスマートフォンの基本操作等を教えることができる講師を養成する「スマホお助け隊養成講座」を展開しています。社会教育の学びの観点から高

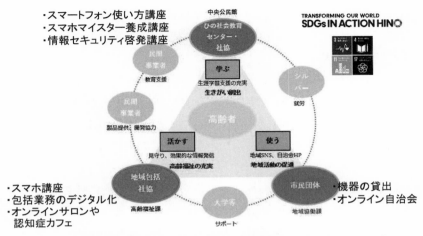

・スマートフォン使い方講座
・スマホマイスター養成講座
・情報セキュリティ啓発講座

・スマホ講座
・包括業務のデジタル化
・オンラインサロンや
　認知症カフェ

・機器の貸出
・オンライン自治会

図6−1　日野市におけるデジタルを活用した高齢者への支援循環イメージ

出所：第59回東京都公民館研究大会（2023年2月4日）第一課題別集会「コロナ禍で見えてきた課題への挑戦！」事例報告資料より。

図6−2　スマートホン使い方講座

出所：図6−1に同じ。

齢者を取り残さない地域福祉を推進しています。

　2021年度実績では、「スマートフォン使い方講座」（図6−2）は、日野市社会福祉協議会と連携しながら全10回の講座を行い、延べ269人が参加。また市民ボランティア講師を養成する「スマホお助け隊養成講座」は、全4回延べ122人が参加しました。講座修了後は、学んだ市民が市内各地で使い方講座やサポート等個別相談会で活躍しています。

「zoom 講座」と題して、スマートフォンを活用した zoom 等のオンラインコミュニケーションツールの基本的な知識を学ぶ入門講座を、全21回延べ321人が参加しました。また「スマートフォン活用の啓発講座」では、スマートフォン活用にあたり、種類や差異、使用時の注意点やコツなどを学ぶ講座を実施し、全3回、延べ49人が参加しました。

　社会教育（中央公民館）と福祉（高齢福祉課）、市民団体（地域協働課）の庁内三課連携によって実施されたシニア ICT 支援事業ですが、新たな課題も見えてきました。

　コロナ禍を経た私たちの社会や暮らしの変化、また時代の要請を受けて人々の学習支援のあり方も多様に広がりを見せています。学びを必要としている人たちを的確にとらえ、どんな学びが求められているのか、その学習形態も対面からオンラインまで、フォーマル、ノンフォーマルそしてインフォーマルな教育機関や市民団体等との連携がなされて、ネットワークづくりの条件整備まで至っています。個人の学習が地域の課題解決や広域連携といった自治体の枠を越えた大きな実践まで至っていく変容は、これからの社会教育を考えていく上で示唆的事例といえます。

３　博物館での対応

(1) コロナ禍の博物館

　博物館はあらゆる年齢あらゆる立場の人が具体的な資料をもとに、学ぶことのできる社会教育の場です。2021年度の社会教育調査で日本の博物館は5700館を越え新型コロナは、博物館にも大きく影響しました。ここでは、博物館とその中の動物園・水族館が、人獣共通感染症である新型コロナに対応し、どう課題を乗り越えようとしたのか、どのように変化したのかを報告したいと思います。

2020 年、第 1 回緊急事態宣言の下で、全国の博物館の約 9 割が一定期間の休館をしました。2019 年と 2020 年の比較で、開館日数が約 20％、入館者が約 60％、入館料収入が約 55％ 減少し、経営状況は非常に厳しい状況に陥りました。日本博物館協会は感染拡大を防止しつつ社会教育機関としての役割を持続的に果たすために必要な感染拡大予防の基本的方向性を示す「博物館における新型コロナウイルス感染拡大予防ガイドライン」を発表しました。その後、動物園や劇場などそれぞれの業界から業種ごとのガイドラインが発表され、内容の見直しが繰り返しなされてきました。

(2)　コロナ禍の博物館の取り組みから

　北海道からはじまった web サイト「おうちミュージアム」は当初臨時休校で自宅待機中の児童生徒とその保護者を対象にスタートし、2020 年 12 月には 216 館を越えました。2023 年 9 月現在 244 館が登録しています。科学博物館、歴史博物館、美術博物館、動物園や水族館なども、動画を配信することによって、「行ってみたい」と思う魅力ある内容が、誰でも自宅で好きな時に見られるという状況になったことは大きな変化でした。大牟田市動物園のように外国の動物園とオンラインでつながり、リアルタイムで対話ができるなど、予想を超える取り組みが一気に増えました。入館者の制限や、講演会の中止、学校からの校外学習の減少の中で、博物館職員の意識が大きく変わった[5] といえるでしょう。また、来館者の受け入れが県内などの地域に限られたことにより、地域の生物、歴史などの展示に焦点を当てることになり、「ベネッセアートサイト直島」をはじめ、多くの博物館が、地域に根差したプログラムを開発し、世界的にも注目され、地域の観光にも寄与してきました。

　新型コロナが変異株となって広がっている中、博物館はコロナ対策

を来館者、展示資料、職員向けに徹底し、教育活動をさらに広げています。オンラインだけでなく、内容も「見る」、「読む」、「聴く」から「考える」学びへ、そして、リアルな「対話」、オンラインを通じた「対話」へと進展し、「ハイブリッドとして二本立ての新しいプログラムの構築がなされるようになった」と多々良（2021）[6] は書いています。それぞれの園館が独自の工夫で、生物や展示品の紹介、バックヤードツアーをオンラインでするようになり、京都市動物園や東京都恩賜上野動物園などをはじめとして、予約制をとり、さらに動物福祉にも配慮した教育的なプログラムへと変化しています。全国の博物館の学芸員や飼育員、職員の熱意がより身近に伝わるようになりました。

また、一方で竹内（2021）[7] は、「改めて人と触れ合うことの大切さや感動を共有する喜び、リアルな空間に身を置き、実物の資料や作品を直に観ることの価値を再確認することができた」ことを強調しています。「博物館は人々に感動や共感を与える場であり、子どもにとっては学びや成長に刺激を与える場所、大人にとっては心を豊かにしてくれる場である」ことに気づかされたと述べ、どんなに素晴らしい映像を見ても、実感として体感すること、資料や動物を通して人から学ぶことは、かけがえのない生きる学びであることを再認識させてくれました。

2022 年 8 月に ICOM（国際博物館会議）規約が改正され、Museumの定義に accessible（誰もが利用できる）、inclusive（包括的）、diversity（多様性）、sustainability（持続可能性）、participation of communities（コミュニティの参加）等の文言が盛り込まれました。これは、博物館の位置づけが単なる社会教育施設であるだけではなく、地域振興やまちづくり、観光、国際交流、持続可能な社会づくり、SDGs などの拠点としてとらえることの必要がある（後藤・栗原 2023）[8] といいます。コロナ禍を経て、今後地域の資料を活用し、それぞれの博物館が多様な

視点から創造性を拡大して取り組むことが求められていると思います。

4 図書館での対応

　図書館もゆうまでもなく、「社会教育のための機関」（社会教育法）です。また図書館の自由宣言（1954 年に採択されたあらゆる種類の図書館が守るべき自律的規範として、広く支持を得てきた宣言）ではその任務を次のようにうたっています。「基本的人権のひとつとして知る自由をもつ国民に、資料と施設を提供することをもっとも重要な任務とする」、知る自由は「思想・良心の自由をはじめとして、いっさいの基本的人権と密接にかかわり、それらの保障を実現するための基礎的な要件である」。東日本大地震を契機にはじまった saveMLAK（博物館・美術館、図書館、文書館、公民館の関係者や支援者等の有志によって構成されるプロジェクト)[9] 内で行われた covid-19 調査が多くの図書館に関するデータをつくり散逸させずに残してくれています。コロナ禍において、その機能を維持することを積極的に守ろうとし、また自分たちがどのように対応したのかを把握しようとした司書という職能集団があり実際に動けたのも、多様な形のある博物館や全国的な把握の難しい公民館と比較したときの図書館の特徴であろうと思います。

　石山（2021)[10] は、コロナ禍での図書館を、「教育と文化の発展に寄与する」（図書館法第 1 条）機能の維持の観点からまとめています。2020年 2 月、政府による大型イベントの自粛や学校一斉休校の要請を受けて、おはなし会等のイベント中止や子どもの入館制限をした図書館があり、同年 4 月 7 日の 7 都府県への緊急事態宣言発出を契機に 7 都府県では 96.9% の図書館が閉館し、全国的でも多いときで約 92% の図書館が閉館していたこと、しかし宣言解除を受けて開館以降は多くの図書館が閉館を選ばなかったことを saveMLAK の調査から引用して

います。また第1回目の緊急事態宣言下の閉館時においても、電話やメールでのレファレンスサービスや郵送での対応が行われていたことを都道府県立図書館の分析から示しています。

　2020年4月21日という早い段階で、公益財団法人日本図書館協会が、「緊急事態宣言のもとでの図書館の対応について」[11]というお知らせを出しています。「自治体、教育委員会、設置母体等と、密接に情報交換・協議をして歩調を合わせ、それぞれの地域の状況に適した、感染拡大を防ぐ対応を図っていただきたい」、「利用者の「密集」と「密着」を避けるための対策は、図書館のそれぞれの環境に基づく必要があります」、「勤務する図書館職員の感染防止にも目を向けなくてはなりません」という、一律ではない判断を認める働く人にまで目を向けた内容です。休館に関しては、海外の例から「『休館＝何もしない』では決してない」ことを伝え、2020年当時の情勢をうけ「最大の配慮事項は人命の尊重」としつつも、「こうした状況のもとでも実行できる方法を探り、図書館の役割を可能な限り果たしていく」ことを呼びかけています。

　日本図書館協会は業種別ガイドラインである「図書館における新型コロナウイルス感染拡大予防ガイドライン」を、2023年5月に新型コロナウイルス感染症が5類感染症になり廃止になるまで8回作成していますが、日本図書館協会のサイトではガイドライン「更新箇所見え消し版」も提供されており、公民館・博物館のガイドラインとも違うわかりやすさが追求されています。

　閉館の意思決定者については、「都道府県立図書館では図書館長、市区町村立図書館では設置地方公共団体の首長が一番多く、明らかな違いがあったこと」が、また、新型コロナウイルス感染症の対応策については、「図書館だけに限ったものではなく、他の公共施設を含めて総合的に検討する必要があることから、地方公共団体が設置した会議体

で検討・決定した全体的な枠組みに従うこともあった」ことが、国立国会図書館の調査[12]により明らかにされています。同調査では「日本の公立図書館は、図書館をなんとか開館させて来館利用してもらうという方針が優先されていて、非来館型サービスを拡充するという方針はあまり採用されていないと言える。電子書籍・電子雑誌の提供拡大は数少ない例外であるが、それでも提供している図書館は依然として少数派である。」ことも示されていました。しかし、「図書館をなんとか開館させて来館利用してもらう」ことができていたことこそ、三密を回避し個々人での学習を余儀なくされたこのコロナ禍での学習権保障に重要な役割を、図書館が果たしていたことをうかがわせます。なお、上記の調査後に電子図書館の数が急激に増えています。一般社団法人電子出版制作・流通協議会の行った自治体の公共図書館についての調査によると、2020年4月1日では導入自治体数94、電子図書館数91館であったものが、2023年10月1日現在では、自治体数520、電子図書館415館になっています[13]。

5 この先の社会教育を考える

コロナ禍の時期に重なりさまざまな法律や制度の改正もあり、それに伴う社会の変化もありました。2020年4月から、改正社会教育主事講習規程が施行され、社会教育士の称号付与がスタートしています。社会教育主事になるための講習や養成課程における学習成果が、「教育委員会のみならず他の行政部局や企業、NPO、学校等、広く社会において活かされる」ことを願ってできた称号です。

自治体のなかでは会計年度任用職員制度が2020年度からはじまり、非正規・非常勤での立場で働く人も多かった社会教育の現場に大きな影響を与えました。

2023年4月からスタートした改正博物館法は、目的部分にそれまでの社会教育法にプラスして「文化芸術基本法」が加わるとともに、国と独立行政法人を除くあらゆる法人が設置する博物館が登録を受けることができるようにもなりました。「博物館資料に係る電磁的記録を作成し、公開すること」の一文が入り、デジタルアーカイブの作成と公開が、博物館が行う事業の一つとして明確に位置づいてもいます。

　自治体のもつ博物館・美術館以外では、コロナ禍の来館者減により閉館するところもあり、より大きな影響を及ぼしています[14]。

　コロナ禍前2019年に成立した第9次地方分権一括法により社会教育関係法の「改正」が行われ、自治体の条例によって公立社会教育施設の首長部局移管が可能になったことの影響もこの先に出てくるでしょう。

　コロナ禍に加えこれらの変化が、社会教育機関や施設、さらには社会教育そのものを、私たちがどのように自分事ととらえ、関わっていけるのかを問うようでもあります。自治体や教育の範囲を超えた「公共とは何か」を考える必要があるのかもしれません。

　布施（2023）[15]は、「世界に簡単につながれる時代の中にある地域」と2023年のいまをとらえます。そのうえで2019年秋に房総半島を襲った台風被害時をふりかえり「いざというときに必要なのは身近なところで直接的につながることができる人の力だ」と振り返ります。この章でみてきたように、条件が整いオンラインを使用するさまざまなイベントや事業を行うことが一般的になりつつあるいま、どんなつながりをつくれているのか、取り残されている人はいないのか、コロナ禍を経た社会教育は振り返る必要もあるように思います。

注
1　高橋伸光・向井健「住民自治を支える公民館の役割を再考する」日本公民館学会年報第18号。

128

2　「国立市公民館の職員に求められる専門性や基本姿勢について」学び合いを支える実践力を培う～2022年度コミュニティ学習支援コーディネーター養成講座2023年3月、東京学芸大学。

3　日野市中央公民館「令和4年度日野市中央公民館の運営状況に関する評価書（令和3年度事業）」。

4　多摩市教育委員会「令和4年度多摩市教育委員会事務点検評価報告書（令和3年度事務対象）」。

5　朝岡幸彦編『動物園と水族館の教育』（学文社、2023年）7頁。

6　多々良穣『コロナ禍で考える今後の遺跡博物館の役割』金沢大学考古学紀要42号（2021年）1-15頁。

7　竹内有理「コロナ禍における博物館の取組み」文化経済学第18巻第2号（2021年）14-16頁。

8　後藤和子・栗原祐司『博物館の可能性—持続可能な未来を推進する地域発展のために—』（博物館の可能性研究会、2023年）28頁。

9　saveMLAK WEBサイト https://savemlak.jp/wiki/saveMLAK（2023年10月30日最終閲覧）。

10　石山雄貴「図書館—ポスト・コロナの図書館に向けて」水谷哲也・朝岡幸彦編著『学校一斉休校は正しかったのか？』（筑波書房、2021年）65-76頁。

11　日本図書館協会「緊急事態宣言のもとでの図書館の対応について」https://www.jla.or.jp/home/news_list/tabid/83/Default.aspx?itemid=5278（2023年10月30日最終閲覧）。

12　図書館調査研究リポートNo.19「公立図書館における新型コロナウイルス感染症（COVID-19）への対応」2022年2月28日 https://current.ndl.go.jp/report/no19（2023年10月30日最終閲覧）。

13　一般社団法人電子出版制作・流通協議会（https://aebs.or.jp/Electronic_library_introduction_record.html（2023年10月30日最終閲覧）。

14　日本経済新聞「コロナ3年目のミュージアム（上）（下）」2022年3月29日会員限定記事）https://www.nikkei.com/article/DGKKZO59454340Y2A320C2BC8000/。

15　布施利之「見えないコロナが見せたもの」長澤成次編著『公民館で学ぶⅥ』（国土社、2023年）265-275頁。

（伊東静一・増本佐千子・岩松真紀・河村幸子）

第 7 章

新型コロナに教育旅行はどう対応したのか

1　はじめに

　新型コロナウイルス感染症（COVID-19）の影響により、観光分野の
あらゆる産業は大きな打撃を受け、本章がテーマとして扱う教育旅行
も例外ではありません。ここでの「教育旅行」とは、「主に学校など
で実施される特別活動としての学習旅行」を指し、修学旅行や研修旅
行が代表的です。文部科学省の中学校／高等学校学習指導要領では旅
行・集団宿泊的行事と示され、「平素と異なる生活環境にあって、見聞
を広め、自然や文化などに親しむとともに、よりよい人間関係を築く
などの集団生活の在り方や公衆道徳などについての体験を積むことが
できるようにすること。」を目的としています。このように、学校生活
において宿泊を伴う教育的行事は、生徒にとって極めて価値の高い教
育的体験活動のひとつであると考えられ、コロナ禍といえども教育旅
行が実施できなかったことは児童生徒の育ちに大きな影響を与えたと
もいえるでしょう。
　2020 年 4 月の第一次緊急事態宣言発出以降、しばらくの間、小中高
の教育旅行は感染対策上の観点から中止や行先の変更を余儀なくされ
ました。また、マイクロツーリズム[1]と呼ばれる旅行形態を検討せざ

るを得ない情勢において、身近な地域への移動によって滞在時間が増え、滞在先での時間の過ごし方の幅も広がりました。そこでは、物見遊山の観光から滞在型・体験型の要素を強調した教育旅行が注目され、現地ガイドや地域住民との「密」なかかわりの中で、観光を軸とした学びを通じて地域活性化にも貢献する可能性が見えてきました。

　本稿では、マスツーリズム[2]の性質を切り離すことのできない教育旅行が、新型コロナにどう対応したかを追うことにより、今後のより良いツーリズムを考えます。

2　教育旅行への影響

　2020年5月4日、新型コロナウイルス感染症対策専門家会議「新型コロナウイルス感染症対策の状況分析・提言」では、社会経済活動の継続と感染拡大予防の両立を図るために、さまざまな業種の感染拡大予防ガイドラインに関する留意点が示され、観光業界においても、観光庁や感染症専門医の指導のもとに旅行業ガイドライン等が作成されました[3]。その後、『国内修学旅行の手引き』（2020年6月3日）[4]や『貸切バスにおける新型コロナウイルス対応ガイドライン』（2020年6月19日）[5]が作成され、特に国内修学旅行については第7版まで改訂されていることからも、他業種と比べてさまざまなニーズや個別具体的な課題への対応に苦労したことがうかがえます。また、海外渡航のできない状況が続く中、『海外教育旅行の手引き』[6]（2022年4月13日）が作成され、海外への旅行の再開を目指した動きが見られるようになりました。なお、改訂前後のガイドラインの変化や特徴、そしてそれらの評価は学校教育上の方針や課題を把握し教育旅行のあり方を再考する上で重要ですが、紙幅の関係から詳細な議論は今後の研究課題として別の機会に譲ることとします。

さて、全国の教育旅行はどのような影響を受けたのでしょうか。本稿では、（公財）日本修学旅行協会（以下、日修協）の『教育旅行年報データブック』[7]、及び（公財）全国修学旅行研究協会（以下、全修協）の『コロナ禍と修学旅行』[8] を参考に、新型コロナが与えた中高の教育旅行への影響について略述します。さらに、筆者が関わった富山県立富山北部高等学校（以下、富山北部高校）の普通科2学年83名による研修旅行（2021年11月18日～19日実施）の事例を取り上げ、補足説明します（田開・長濱、2021）[9]。

　はじめに、国内修学旅行の実施状況を概観すると、2020年度比で2021年度の実施率は飛躍的に回復しましたが、その一方で、海外への教育旅行の再開は難しく、2021年度時点ではほとんどの学校が予定通りには実行せず、中止となったことがわかります（日修協調べ）。また、新型コロナの影響により、出発時期、旅行日数、旅行方面の変更など、当初の計画からの変更が頻繁に発生し、このような状況は2022年度もしばらく続いたと考えられます。富山北部高校のケースでは、実施の1年前（2020年度）に管理職、学科長、学年主任が複数の旅行会社から企画説明を受け、その後クラスや学年の担当者と協議し、最終的に1つの旅行会社を選定しました。しかし、新型コロナの影響により、急きょ当初予定していた東京都から身近な長野県への変更を余儀なくされました。その後、担当教員が自ら大学や研修先を探す必要が生じ、催行の直前1カ月前になって初めて筆者にアテンドの相談が寄せられたことを記憶しています。

　次に、公立高等学校の都道府県別旅行方面の変化を見てみると、例えば富山県では、コロナ前（2019年度）は多くの高校が関東方面を選んでいたのに対して、コロナ禍は北陸・甲信越方面へと移行しており、この変化は、「リスク回避による『中止』の考え方から、『地元』『近隣』での実施を目指して、如何に修学旅行を実施する方法を模索する

かの転換が行われ、旅行先をはじめ、現地での研修内容の熟慮が行われた」と考えられています（全修協調べ）。また、日修協の調査によると、感染状況の厳しい東京都や沖縄方面の人気が低下するだけでなく、関連して、交通手段の選択にも変化が見られました。以前は、航空機を利用するケースが東北地方を除いて最も一般的でしたが、2020年度には近距離の目的地を選び、特に不特定多数の人との接触を避けるために、航空機やJRからバスへの変更が増加しています。さらに、教育旅行の内容にも変化が見られ、「博物館の見学」「美術館の見学」「水族館や動物園、自然・科学系の博物館の訪問」が増加していることが分かります。

　また、新型コロナの影響により状況が刻々と変わる中で、教育現場が直面した苦悩をうかがい知ることができます（日修協調べ）。例えば、安全と健康管理に関する問題は多岐にわたり、宿泊施設の収容人数を半分に制限する必要の中であえてビジネスホテルに宿泊したり、大学や企業を訪れる際に、感染拡大予防のため受け入れが拒否されるなどのケースがあったといいます。また、何度も行先やプログラムの見直し変更が必要となり、定期考査や他の行事との調整が難しい中で、生徒や保護者の不満が爆発することも容易に想像できます。他にも、旅行先で感染や発症することを想定して、保護者の送迎が難しい場所を選びにくいという問題も指摘されています。実際に、富山北部高校では一人の生徒が途中で体調不良を訴え、富山県から長野県まで保護者に迎えに来てもらう必要が生じましたが、これも簡単な決断ではなかったと思います。

　それでは、経済的負担はどうだったのでしょうか。小さな学校は公共交通機関の利用を基本とする傾向にありますが、コロナ禍では全行程に貸し切りバスを利用するなど、生徒一人当たりの費用が大幅に増加したという報告もあります。また、大幅な変更が必要な場合、旅行

会社の企画料金が別途発生したり、直前の中止によって高額なキャンセル料が発生することもありました。こうした課題に対して、取消料や変更手数料を都道府県や市区町村などで負担する特別措置が取られ、一例として、長野県では「県立学校修学旅行取消料等支援事業」という補助金が活用されました。この補助金は、「探究的な学び」推進事業の予算から割り当てられ、2022 年度には高校 61 校と中学 2 校に対して約 6800 万円が支払われたといいます[10]。また、観光・運輸等関連団体の対応も見られ、JR 各社は延期や方面変更をした場合でも連合体割引[11]の適用を可能としたり、通常は学生輸送が禁止される夏休み時期や連休にも振替が可能となるなどの対応を取りました。しかし、多くの学校では 1 年以上前から教育旅行の計画を始めることが一般的で、その時点で補助金等を活用できるかどうかが不明確であるため、保護者に負担を求めざるを得ない状況も生まれ、企画立案の難しさもあったといえます。

　最後に、コロナ禍で教育的要素がどのように保障されてきたかという点を考えなくてはなりません。日修協の調査結果を見てみると、グループごとの自由な時間が削減され、自主的かつ主体的な学習活動が充分に行えなかったり、感染拡大防止のため見学や探究活動が縮小され、より深い学びの実現に支障が出たとの意見もありました。また、かつては当然のように行われていたものが、感染症の影響は家庭ごとに異なるため、全員が参加すべき学校行事として成り立たない状況も見受けられました。実際に、高校における参加生徒数の変化を見てみると、2020 年度比で 2021 年度の参加率は著しく増加したものの、公立学校でも約 70% にとどまり、参加者数にはばらつきが出ています（全修協調べ）。これらの課題に対処し、教育旅行がより充実した学びの体験をもたらすためには、感染症対策と教育の双方を考慮に入れながら、誰一人取り残すことなく全ての児童生徒に有意義な経験を提供するた

めの条件整備が求められています。

　次章では、新型コロナに抗した教育旅行の取組みを事例に、受け入れ地域や観光事業者がどのように対処したのかを詳しく探ってみましょう。

③　教育旅行の転換と地域の対応

　長野県小諸商業高等学校（以下、小諸商業高校）の2学年62名（引率教員4名）は、2022年11月に飯田市への3泊4日の教育旅行を見事に実現しました。通常、多くの学校は1学年の内に教育旅行の計画を立て、業者の選定に着手しますが、小諸商業高校は、新型コロナウイルス感染症の影響が不透明な中、「絶対に実現させる！」という目標を生徒と共有し、コロナ禍における新しいスタイルとしてマイクロツーリズムに試みました。さらに、地元の小諸市、上田市、そして旅行先の飯田市を比較し、「本当に地元には何もないのだろうか？」と問題提起し、実際に見て、聞いて、出会って、感じてもらうことを目指して、単なる観光や見学に留まらない工夫を凝らし、フィールドワークや選択体験プログラムを充実させたのです。これにより、ただ単に「どこに行くか」だけでなく、飯田の地域づくりや文化に触れ、地元社会への貢献につなげるため、「何を体験し、どのように考えるか」といった社会的な見方・考え方を育むことを目指した、教育的な価値を追求する取り組みになったといえるでしょう。

　さて、フィールドワークでは山深い谷間の地域である遠山郷を訪れました（写真1）。全9班に分かれ、各班7名で構成され、"観光"、"産業"、"秘境"の3つのテーマに取り組みました。また、各班には松本大学の学生が1名ずつメンターとして加わることで、取材方法や資料整理、プレゼンテーションスキルの向上に努めました。テーマを概観

写真1　遠山郷フィールドワークの様子

出所：小諸商業高校提供。

してみると、"観光"では、遠山郷観光協会やゲストハウス「太陽堂」、精肉店「肉のスズキヤ」、そしてアウトドアアクティビティを提供する「遠山郷探検隊」などの観光産業関係者から貴重な話を聞きました。"産業"では、地元の猟師と協力して鹿の解体や調理を行ったり、急斜面に広がる茶畑を訪れたり、かつて主要な産業であった林業や森林鉄道の歴史に思いを馳せるなど、さまざまな経験を積みました。"秘境"では、日本で初めて発見された隕石クレーターや埋没林を訪れ、ジオ（地球）、エコ（自然）と人間との関わりを身をもって感じました。これらの活動を通じて、遠山郷が自然と調和する特別な場所であることを実感するとともに、独特の魅力を活かした観光地をどのように築いていくかなど、持続可能な地域のあり方やそこでの資源の活用について深く学ぶことができました。

　また、選択体験プログラムでは、体験型観光による地域振興を目指

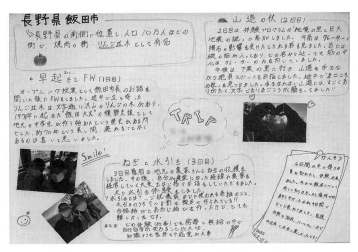

写真2　遠山郷フィールドワークの振り返りレポート

出所：小諸商業高校提供。

した「南信州観光公社」の協力により、飯田市ならではの素晴らしい
旅行体験が提供されました。具体的なプログラム名を挙げると、「案
内人とまちなか散策と和菓子探訪の旅」、「野菜収穫と農業法人の取組
みを知る」、「南アルプスを望む観光果樹園の開墾と経営哲学に触れる」、
「治水対策事業のその後の取組みと旬の果物狩り」、「水引職人と語る」、
「農家民宿のお母さんの生き方に触れる」といった、ユニークで多彩な
ラインナップが揃います。また、生徒たちの振り返りレポートを見て
みると、プログラムが非常に充実していたことが良くわかります（写
真2）。特に印象的だったのは、農業体験でネギの収穫に取り組んだ生
徒が、嫌いなネギを食べるかどうか悩んだ末、勇気を出して食べたら、
その味に感動したというエピソードでした。それ以降、その生徒はネ
ギが食べられるようになったと聞いていますが、今まで見たこともな
い大きさのネギを畑から引き抜き、土にまみれた経験はまさに「感動
体験」として記憶に残り、自己成長につながった例ともいえるのでは

ないでしょうか。

4 おわりに

　旅行者側である学校では、通年行事の対象学年となった児童生徒個人の機会が一生に一度しかないことから、コロナ禍でも諦めずに行先や手段を探る事例のような創意工夫がありました。これは制限された環境下で可能であった実験ともいえます。しかし、受け入れ側に起こっていたことは、感染症の世界的流行により過去に例のない「顧客ゼロ」の経験に加え、感染症レベルの変動に伴う顧客増減が続き、全く経営の見通しがつかない日々が2年以上続く中、関連専門職の離職が進み、社会の産業構造も変化したことです。一方で、皮肉にも観光地の自然環境は汚染が減り改善されました。これら事実を受け止めると今後のツーリズム産業が回復する短中期的な課題が見えます。

　教育旅行は団体旅行であり、マスツーリズムの性質から逃れることはできません。行先が近場であるマイクロツーリズムは、非日常の目新しさや、初めて出会う物事への感動は限られる「地味な」旅行です。しかし、事例に見たように旅行者自らが作る余地は大きく、体験型観光で目指してきた教育効果がより発揮しやすい旅行形態でもあります。また、コロナ禍における博物館、動物園等への来訪の増加は、天気に左右されず、安全で収容十分な社会教育施設への教育的役割が期待されていることを意味します。これらニッチな訪問先が開拓されたことについて、ある大手旅行会社スタッフから「コロナで旅行会社がこれまでとは違った県内地域の観光資源を知ったので、今後の旅行も変わるはずです」と発言が聞かれました。今後の教育旅行においては新学習指導要領の完全移行で、高校では「探究」が必須化されたことにより、体験型や分散型が進み、個々人の経験を重視する旅行形態へシフ

トする可能性が示唆されます。その受け皿を支えるのは事例の南信州観光公社のような着地型観光を担う地域DMO[12]の組織等で、事例では既存の地域DMOが大きな役割を果たしました。

　教育旅行の課題としては、手作りの旅行に見落とされがちな安全管理や、教員や受け入れ先への業務範疇（専門性）を超えた過度な負担、学習者の未知への欲求の満足度があげられ、誰もが参加できる旅行のあり方は今後の研究課題でしょう。教育旅行にはクラスメイトとの想い出も期待されるからです。

　いずれにしても感染症収束の直後はオーバーツーリズムへの偏重がしばらく続くとして、コロナ禍で学んだマイクロツーリズムへのより戻しにより、観光そのものが個々人の体験や感動、地域振興へと深化すると考えられます。今後は、顧客を囲い込む観光施設と見知らぬ旅行者で完結する地域の暮らしとは縁遠い旅行ではなく、訪問者とともに街並みや景観、地域資源を提供し、維持継続する地域づくりの手段としての役割がより求められます。

注

1　自宅から1〜2時間圏内の近場で行う旅行や観光のこと。

2　マスツーリズムは大衆観光と訳され、団体旅行などより多くの人口が手軽に楽しめる旅行形態である一方、大量の人口の移動が訪問地域の自然環境や生活環境に与えるインパクトが問題になることや、旅行者の個々の経験が重視されにくいといった課題も指摘されます。

3　一般社団日本旅行業協会・一般社団法人全国旅行業協会、『旅行業における新型コロナウイルス対応ガイドライン』、第一版2020年5月14日、2023年2月28日改訂・2023年3月13日施行（2023年8月3日時点で最新）

4　一般社団日本旅行業協会、『旅行関連業における新型コロナウイルス対応ガイドラインに基づく国内修学旅行の手引き』、公益財団法人日本修学旅行協会・公益財団法人全国修学旅行研究協会協力

5　貸切バス旅行連絡会、『貸切バスにおける新型コロナウイルス対応ガイドライ

ン』

6 　一般社団日本旅行業協会、『旅行関連業における新型コロナウイルス対応ガイドラインに基づく海外教育旅行の手引き』、公益財団法人日本修学旅行協会・公益財団法人全国修学旅行研究協会協力

7 　公益財団法人日本修学旅行協会、『教育旅行年報データブック 2022─新型コロナウイルス感染症の影響に関する調査まとめ』、https://jstb.or.jp/pages/21/#block960（2023 年 8 月 3 日最終閲覧）

8 　公益財団法人全国修学旅行研究協会、『コロナ禍と修学旅行─新型コロナウイルス感染症（COVID-19）が与えた修学旅行への影響』、http://shugakuryoko.com/chosa_5.html（2023 年 8 月 3 日最終閲覧）

9 　田開寛太郎・長濱有希、2021、「高校の研修旅行と支部の役割」、日本環境教育学会第 2 回中部支部大会要旨、https://chubu.jsfee.jp/archive（2023 年 8 月 3 日最終閲覧）

10 　長野県「令和 3 年度事業点検 教育委員会事務局の点検結果：『探究的な学び』推進事業費」、https://www.pref.nagano.lg.jp/seisaku-hyoka/kensei/soshiki/jigyokaizen/r03hyoka/r03tenken-ketsuka/documents/150501.pdf（2023 年 9 月 25 日閲覧）

11 　各校が協力し、専用列車の利用を調整して混雑を回避し、円滑な実施を目指す制度です。運賃だけでなく、新幹線の特急料金が 50% 割引（引率者も同様）になるため、費用軽減を図ることができます。

12 　観光地域づくり法人（Destination Management/Marketing Organization）の略で、地域のランドオペレーターとして地域の観光資源を開発し、商品化、手配、販売などを着地型観光として担う主体組織で、半官半民の経営が多く見られます。

（田開寛太郎・中澤朋代）

これから感染症に教育はどう向き合うのか

1　新型コロナは学校に何をもたらしたのか

　新型コロナウイルス感染症（COVID-19）のパンデミックは、日本の教育のあり方に多くの問題を投げかけました。安倍首相（当時）の要請に基づく「全国一斉学校臨時休校」は2020年3月2日から5月末まで実施されたと考えられていますが、各地の感染状況や教育委員会・地方自治体の判断による地域差が確認されました。ほとんどの市町村には、複数の公立学校が置かれています。一斉休校時に市町村内の学校が同じ対応をとったのかも検証する必要がありますが、私たちの調査（2022年6月〜2023年2月）でもすべての学校の聞き取り調査と資料収集ができた自治体は、新潟県C市と北海道D町だけでした。一斉休校時から2年以上が経つため当時の学校の様子を知っている管理職のほとんどが異動していたり、当時の学校の様子を記録している一次資料の保管期間が4〜5年とされているため、聞き取り調査と根拠資料のすり合わせをしながら当時の状況を明らかにできるギリギリのタイミングであったと考えています。おそらく、学校レベルでの一斉休校時の対応を比較・検証することは、今後ますます困難になると思われます。

表 8-1　全国一斉休校（第 1 波）期間における C 市立学校等の臨時休業の対応

日付	対応
2020.3. 2	臨時休業開始（終了日は未定）
3.17	3/31 までの臨時休業を決定した（県の通知）
3.25	来年度の 1 学期の再開を伝達（県の通知）
4. 6	市内 5 校再開
4. 7	市内 8 校再開
4.16	緊急事態宣言の発令により 5/6 まで休業延長
4.20	4/25～5/10 の臨時休業（県の通知）部活動も中止
5. 7	5/17 までの臨時休業期間の延長（県の通知）
5.11	全校登校　授業 4 時間　給食後下校
5.12～17	中学 3 年生は週 3 日、それ以外の学年は週 2 日登校を設定し、分散登校を実施。特別支援学校は週 2 日登校日を設定。
5.18	通常登校再開

出所：C 市教育委員会聞き取り調査。

　こうした状況の中で、新潟県 C 市は市内の公立学校 13 校（小学校 8校、中学校 4 校、特別支援学校 1 校）のすべての状況を把握できた貴重な事例です。学校の管理職へのインタビュー（現在の学校に限らず一斉休校時の在任校の様子も聞きました）と基礎的な一次資料の詳細な分析は引き続き行わなければなりませんが、市内の学校でも対応の仕方に違いがあったことがわかっています。C 市では臨時休業の開始（2020年 3 月 2 日）と通常登校の再開（5 月 18 日）はすべての学校で共通していますが（表 8-1）、行事への対応や児童生徒への指導、再開のやり方や再開後の対応に学校の規模や立地、地域との関係などでの違いがみられました。

　また、臨時休業の開始から春休みにかけての臨時休業日は共通していますが、4 月以降の緊急事態宣言時（4 月 16 日～5 月 14 日）における全校登校日や分散登校日の設定の仕方に各校の規模や感染状況で差がありました。規模の大きな学校では全校登校日でも短縮授業が行われて、給食後に下校させる傾向がみれます。また、小規模校では教室

に余裕があるため、分散登校を実施する理由があまりありませんでした。2019年度の卒業式（2020年3月）と2020年度の入学式（2020年4月）はすべての学校で実施していますが、ほとんどの学校で来賓や保護者の人数を制限していました。「学校によって対応がだいぶ異なり、卒業式の来賓を呼ぶか呼ばないかについても違いが生じるなどの学校差が生じやすかった」との証言があります。これは、各学校の管理職の考え方や地域との話し合いによって、学校ごとに決定する余地があったことを示しています。

　さらに、多くの学校では家庭訪問が実施され、そこで学習指導や生活指導が行われましたが、特に問題となることはなく、保護者から学校に相談を受けることもほとんどなかったそうです。他方で、児童等の一時的な預かりには学校の規模や地域差によって差がありました。複数の学校で学童保育所が閉鎖され、学校での子どもの一時的な預かりが重要な役割を果たしました。特別支援学校では、寄宿舎による生徒の居場所確保の相談に応じましたが、高等部ではその利用がありませんでした。「緊急時での混乱に対して保護者は、親族と協力して対応することができた」と印象を述べています。

　学校再開後は、感染症対応として子どもたちの安心・安全を優先するという動きに違いはありませんでしたが、学校の規模や校舎の大きさに応じて、児童生徒を集めることができるかどうかは異なっていました。また、C市では学校行事における地域との交流が重視されてきましたが、新型コロナを契機に行事の縮小や内容の見直しが行われ、「これでも良いのではないか」と評価され始めているそうです。また、以前から新潟県内の学校運動会は9月初旬に実施されて、残暑が厳しいとして日程の変更や時間短縮等が課題になっていました。新型コロナによる行事の中止または変更が行われたことで、「これをきっかけに見直していこう」と学校行事のあり方を改めて検討する学校が多くあり

ます。同様に、部活動の縮小や地域移行も、コロナを契機に検討され始めました。

　最後に、C 市の α 小学校が一斉休校期間中に、具体的にどのように教育・運営されたのかを沿革史等の記述をもとにふりかえります（**資料 5**）。2020 年 3 月 2 日に市内の臨時校長会が開かれ、「臨時休校」が通知・確認されます。3 月 5 日は一斉家庭訪問が行われて児童の安否確認と課題の追加配布がなされました。3 月 12 日、13 日、18 日には保護者が児童の荷物の受け取りに来校し、24 日には卒業生と保護者、職員のみで卒業式が行われました。新年度に入って 4 月 7 日に始業式が行われ、翌 4 月 8 日に入学式（来賓なし）が行われて学校が再開されています。4 月 16 日に緊急事態宣言が全国に拡大適用されますが、4 月 24 日まで授業が行われています。4 月 25 日から 5 月 17 日まで臨時休業が行われるものの、5 月 12 日から 15 日まで分散登校が実施されています。この小学校で通常登校が再開されたのは、5 月 18 日以降でした。学校の沿革史等による一次資料と教師や父母のインタビュー調査等を丹念に分析することで、一斉休校が決して一律ではないことが明らかになるばかりでなく、緊急事態の中で学校教育現場がどのように工夫して対応したのか、多くの教訓を汲み取ることができるはずです。そして、「学校における危機管理を考える」の節は、これからの感染症対策を考えるうえで大変参考になるのではないでしょうか。

② 学校における防疫の考え方はどう変わったのか

(1) 新型コロナをめぐる文科省の初動対応

　ここでは初動を 2020 年 3 月ごろまでとし、朝岡ら (2021)[1] のまとめを補足する形で記述します。新型コロナウイルス感染症の感染状況に合わせて、文科省から多くの通知・依頼・事務連絡が出されました。

「新型コロナウイルスに関連した感染症対策に関する対応について（依頼）」という事務連絡が 2020 年 1 月 24 日という早い時期に発出されました。これは同日外務省により「武漢を含む中国湖北省全域への渡航がレベル 3 の渡航中止勧告」に引き上げられたことを受けてのものです。WHO や国立感染症研究所のリスク評価を根拠に、「現時点では本疾患は持続的なヒトからヒトへの感染の明らかな証拠はありません」という把握でありながらも「風邪やインフルエンザへの対策と同様に咳エチケットや手洗い等通常の感染対策を行うことが重要」と、この段階ですでに感染対策を啓発しています。

　海外の発生の状況等に鑑み「新型コロナウイルス感染症を指定感染症として定める等の政令（令和 2 年政令第 11 号）」が同年 1 月 28 日に公布され、新型コロナが学校保健安全法（昭和 33 年法律第 56 号）に定める第一種感染症とみなされることとなり、同日に「新型コロナウイルス感染症の『指定感染症』への指定を受けた学校保健安全法上の対応について」の事務連絡が出されました。その事務連絡のなかで「各学校（専修学校を含み、各種学校を含まない。）の校長は、当該感染症にかかった児童生徒等があるときは、治癒するまで出席を停止させることができます」との通知がなされました。

　事務連絡「児童生徒等に新型コロナウイルス感染症が発生した場合の対応について」（2 月 18 日時点）は、「児童生徒等に新型コロナウイルス感染症が発生した場合の出席停止及び臨時休業について、現時点での考え方」を「文部科学省と厚生労働省において協議の上」示したもので、1 週間後の 2 月 25 日には、感染者以外の感染者の濃厚接触者となった児童生徒等も含めた（第二報）が出ています。2 月 18 日時点では、「新型コロナウイルス感染症に罹患した児童生徒等について」「届け出を受けた都道府県、保健所を設置する市又は特別区は、本人又は保護者の同意を得て、届け出を受けた内容について、学校の設置者及

び学校と情報を共有する」こととされています。「校長は、当該児童生徒等に対して、治癒するまでの間、学校保健安全法（昭和33年4月10日法律第56号）第19条の出席停止の措置を取る」、さらに「学校の設置者及び学校は、都道府県等が行う感染経路の特定や濃厚接触者の特定等に協力する」こととなりました。「都道府県等は、主に地域での流行早期の段階に行われる公衆衛生対策の観点からの休業の必要性の有無について判断し、必要であると判断した場合、学校の設置者に対し、学校の全部または一部の臨時休業を要請する」ことが求められました。「都道府県等から臨時休業の要請がない場合であっても、学校の設置者は、…学校運営上の対策を講じる目的などの観点から必要な臨時休業を行うことができる。その場合には休業等に伴う学習面への影響等を十分に考慮し、必要に応じて都道府県等と相談の上、判断することが重要である」とされました。また、以下のように学校だけでなく「地域住民や保護者への情報提供等」も求められていました。「都道府県等は、地域の住民等に対し、正しい理解を得るための必要な情報を提供するとともに、学校の設置者と連携して、学校を通じ、保護者等に対しても、同様に情報を提供する」。

　2020年2月25日の第二報では、「感染した児童生徒等が、発熱や咳などの症状が出ている状態で登校していた場合には、学校の設置者は、学校保健安全法第20条に基づく学校の一部又は全部の臨時休業を速やかに行うこと」とされましたが、感染した児童生徒等が、発熱や咳などの症状が出ていない状態で登校していた場合には、「現時点の知見の下では、一律に臨時休業が必要とまではいえない可能性もある」との認識のもと、この場合の臨時休業の必要性は「個別の事案ごとに都道府県等と十分相談の上、判断すること」となっていました。濃厚接触者についても「児童生徒等が感染者の濃厚接触者に特定された場合には、各学校において、当該児童生徒等に対し、学校保健安全法第

19 条に基づく出席停止の措置を取ること」と言及されました。「感染者がいない学校も含む積極的な臨時休業について」も記載があり、「地域全体での感染防止を目的に、新型コロナウイルスの地域における流行早期の段階において、都道府県等の衛生部局ほか首長部局とも十分に相談し、公衆衛生対策として、学年末における休業日の弾力的な設定などの措置により、感染者がいない学校も含む積極的な臨時休業を行うことも考えられる」との方針が示されていました。

　国内において新型コロナウイルスに感染した事例が相次いで報告されているなか「新型コロナウイルスの国内での感染をできる限り抑えることが重要」との認識から「対策のポイント」として、2020 年 2 月 18 日「学校における新型コロナウイルスに関連した感染症対策について」が出されました。文書内で下線を引いて強調されていた部分は、「2. 日常の健康管理や発熱等の風邪の症状がみられる場合の対応」です。「児童生徒等に発熱等の風邪の症状が見られるときは、無理をせずに自宅で休養する」部分に下線があり、それを指導することが求められ、「教職員についても同様の対応を促してください」となっていました。自宅休養した場合の出欠の扱いについては、「『学校保健安全法第 19 条による出席停止』又は『非常変災等児童生徒又は保護者の責任に帰すことのできない事由で欠席した場合などで，校長が出席しなくてもよいと認めた日』として扱うことができます」とされ、さらに「学校保健安全法第 19 条による出席停止」とする目安が以下のようにより具体的に提示されています。

- ・風邪の症状や 37.5 度以上の発熱が 4 日以上続く場合（解熱剤を飲み続けなければならない場合も同様）
- ・強いだるさ（倦怠感）や息苦しさ（呼吸困難）がある場合
- ・医療機関において新型コロナウイルスに感染していると診断された場合

「1. 基本的な感染症対策の徹底」では「手洗いや咳エチケットなどの基本的な感染症対策」、「3. 適切な環境の保持」では「教室等のこまめな換気」や「温度、湿度の管理に努めるよう」指示がありました。

時期的に「4. 卒業式などの学校行事等における感染症対策」の項があり、「卒業式などの学校行事や入学試験など、大勢の人が長時間同じ空間にいる場合には、こまめな換気を実施するとともに、会場の入り口にアルコール消毒液を設置するなど、可能な範囲での対応を検討してください」という文言となっています。

(2) 「学校において予防すべき感染症の解説」における感染症対応

文科省の学校における「通常の感染対策」を規定した『学校において予防すべき感染症の解説』の最新版は、公益財団法人日本学校保健会より2018年3月に発行されています。これはそれまでの『学校において予防すべき伝染病の解説』（文部省、1999年）、『学校において予防すべき感染症の解説』（文科省、2013年）をふまえたものです。コロナ禍においても「一般的な感染症対策については上記解説の「学校における感染症への対応」を参照するよう、文科省通知のなかで記載されていました。しかし朝岡ら（2021）[2]であきらかにされたように、新型コロナは「学校における『通常の感染対策』だけでは適切に対処しきれないもの」でした。

(3) 「学校における新型コロナウイルス感染症に関する
衛生管理マニュアル」の変化

学校における新型コロナウイルス感染症対策等については、2020年3月24日に発出された「学校再開ガイドライン」や、「教育活動の再開等に関するQ&A」などにおいて、随時留意事項が示されていましたが、学校の教育活動を再開していくにあたって、2020年5月22

日「学校における新型コロナウイルス感染症に関する衛生管理マニュアル（以下、マニュアル）」が公表されました。2023年11月現在までに9回[3]の更新（一部修正除く）がなされています。2023年5月8日

図8-1　アマビエモチーフアイコン

の新型コロナウイルス感染症の5類感染症移行をうけてのマニュアル（202305版）には、それまでついていた Ver. 表記がありませんし、すべてのタイトルについていた「学校の新しい生活様式」の表記もありません。また、Ver.1〜8の表紙だけに、厚生労働省が2020年4月にアマビエをモチーフにして作成した若者向け啓発アイコン（図8-1）が描かれています。Ver.1の章立て（第1章　学校における新型コロナウイルス感染症対策の考え方について、第2章　学校における基本的な新型コロナウイルス感染症対策について、第3章　具体的な活動場面ごとの感染症予防対策について、第4章　感染が広がった場合における対応について、第5章　幼稚園において特に留意すべき事項について）は Ver.8 まで大きな変更はありませんでしたが（Ver.4から第6章　寮や寄宿舎における感染症対策を追加、Ver.5から第1章新型コロナウイルス感染症について、に変更）、202305版からは章立ても変更され、先のことと合わせてベースとなる考え方が変更になったことがわかります（第1章　学校における新型コロナウイルス感染症対策の考え方について、第2章　平時から求められる感染症対策について、第3章　感染流行時における感染症対策について、第4章　感染状況に応じて機動的に講ずべき措置について、第5章　感染症対策に当たって配慮すべき事項について）。

　朝岡ら（2021）[4]は、2021年3月 Ver.4段階のマニュアルにおける、新型コロナウイルスに感染しているという「疑い」に基づいて予防措

第8章　これから感染症に教育はどう向き合うのか　　151

置的に出席停止を命ずることの問題性をあげています。とはいえ、理想としては疑いではなく「陽性」を確定できることが望ましいとしても、実際の運用での医療体制が伴わないと机上の空論になるであろうし、すでに切迫してしまっている保健や医療の現場をさらに圧迫し、確定させるための外出を求めることで感染の拡大を招く可能性もありえました。保健所や医療体制が十分でない以上、この部分のマニュアルにも柔軟さが求められたのではと思われます。今後に備えた早急な体制づくりが求められます。

　ここから各 Ver. の特徴を記載していきます。「学校の教育活動を再開していくにあたっては、児童生徒等及び教職員の感染リスクを可能な限り低減することが必要」と 2020 年 5 月に作成されたこのマニュアルは、「おおむね 1 ヶ月に 1 度を目安に新たな情報や知見が得られた場合には、見直しを行うことを予定」され、6 月 Ver.2「消毒の方法、熱中症予防の観点でのマスク着用の考え方等について追記」、8 月 Ver.3「学校関係者の感染状況のデータやその分析、清掃・消毒等について改訂」、9 月 Ver.4「学校関係者の感染状況のデータやその分析の更新、部活動における対応、寮や寄宿舎の感染症対策等について改訂」という速さで Ver. が進んでいきます。コロナ禍での初めての冬をむかえる 12 月 Ver.5「学校関係者の感染状況のデータやその分析の更新、冬季の感染症対策、臨時休業の考え方等について改訂」が更新されたあとは、2021 年 4 月 Ver.6「学校関係者の感染状況のデータやその分析結果を更新」「変異株に係る知見及び対策等を追記」、11 月 ver.7「学校関係者の感染状況のデータやその分析結果を更新」「抗原簡易キットやマスク、新型コロナワクチン等に係る知見等を追記」、2022 年 4 月 Ver.8「学校関係者の感染状況のデータやその分析結果を更新」「オミクロン株の特徴を踏まえた対応として事務連絡で周知した内容や地域住民や保護者等に対する情報提供等について追記」、と更新ペースがゆ

っくりとなり、現在の202305版となります。

　Ver.1の時点から、地域ごとの行動基準について、「生活圏（主に児童生徒等の通学圏や発達段階に応じた日常的な行動範囲とし、加えて、地域の実情に応じて保護者の通勤圏や教職員の在住地の状況も考慮する）におけるまん延状況により判断することが重要」とされ、その地域の感染レベルを設定し、それによって違う行動基準が設けられました（表8-2）。この「レベルごとに行動基準を設定する」という方針は、途中「新型コロナウイルス感染症対策分科会提言における分類」に見直しがあるものの2022年4月Ver.8まで続きました。

　ここではVer.8の特徴を2020年4月1日の事務連絡からいくつかあげてみましょう。2020年1月からの感染拡大期に児童生徒等の感染者数も大きく増加し、すべての学校種を通じて「感染経路不明」が最も高い割合となるなか、「子供への感染に係る特徴の更新」において、オミクロン株に係る知見を踏まえた更新がされました。具体的には、「小児例は無症状者／軽症者が多いが、重篤な基礎疾患を有する場合は重症化に注意」「重症化、死亡の割合は若者は低い傾向」「オミクロン株は再感染リスクの増加、ワクチンの効果を弱める可能性がある一方、入院リスクや重症化リスクは低い可能性」の文言が並びます。また、「地域ごとの行動基準の設定の考え方の明示」として、「学校に関する感染レベルを判断する際、年代により異なる感染状況等を踏まえ、地域全体の感染レベルとは別に判断することが考えられる」ことが明示されました。「児童生徒等が登校しない場合の修正・追記」として、同居家族に症状がある場合の登校について、レベル3及びレベル2の地域では、例えば「軽微な症状のある児童生徒等や教職員の登校については、地域の感染状況や持病の有無など個別の状況に応じて適切に判断」という文言となり、よりその地域の感染状況に合わせた対応をすることが明記されました。「濃厚接触者や行政検査の対象者と

表8-2 「新しい生活様式」を踏まえた学校の行動基準

地域の感染レベル	身体的距離の確保	感染リスクの高い教科活動				部活動（自由意思の活動）
レベル3	できるだけ2m程度（最低1m）	行わない				個人や少人数での感染リスクの低い活動で短時間での活動に限定
レベル2	1mを目安に学級内で最大限の間隔を取ること	収束局面	感染リスクの低い活動から徐々に実施	拡大局面	感染リスクの高い活動を停止	感染リスクの低い活動から徐々に実施し、教師等が活動状況の確認を徹底
レベル1	1mを目安に学級内で最大限の間隔を取ること	適切な感染対策を行った上で実施				十分な感染対策を行った上で実施

（参考）

本マニュアル	新型コロナウイルス感染症対策分科会提言(※)における分類	
レベル3	レベル4（避けたいレベル）	一般医療を大きく制限しても、新型コロナウイルス感染症への医療に対応できない状況。
	レベル3（対策を強化すべきレベル）	一般医療を相当程度制限しなければ、新型コロナウイルス感染症への医療の対応ができず、医療が必要な人への適切な対応ができなくなると判断された状況。
レベル2	レベル2（警戒を強化すべきレベル）	新規陽性者数の増加傾向が見られ、一般医療及び新型コロナウイルス感染症への医療の負荷が生じはじめているが、段階的に対応する病床数を増やすことで、医療が必要な人への適切な対応ができている状況。
レベル1	レベル1（維持すべきレベル）	安定的に一般医療が確保され、新型コロナウイルス感染症に対し医療が対応できている状況。
	レベル0（感染者ゼロレベル）	新規陽性者数ゼロを維持できている状況

注：「新たなレベル分類の考え方」（令和3年11月8日新型コロナウイルス感染症対策分科会）
出所：文部科学省「学校における新型コロナウイルス感染症に関する衛生管理マニュアル」より。

同居している場合等について特段登校を控えることを求める必要はない」ことなどが明記されたのもVer.8です。

2022年4月のVer.8以降202305版までマニュアルそのものの更新が

ないにもかかわらず、さまざまな事務連絡が発出されていきます。例えば、厚生労働省「マスク着用の考え方及び就学前児の取扱いについて」及び「新型コロナウイルス感染症対策の基本的対処方針」の変更を踏まえて、2022年5月24日事務連絡「学校生活における児童生徒等のマスクの着用について」が発出されます。そのなかでは「現在の学校衛生管理マニュアルの記載及びその取扱いを変更する趣旨のものではありません」、「引き続き、地域の実情に応じた基本的な感染対策（「三つの密」の回避、「人と人との距離の確保」、「マスクの着用」、「手洗い等の手指衛生」、「換気」等）を徹底していく必要があります」としつつも、「身体的距離が確保できないが、会話をほとんど行わない場合のマスク着用の考え方を明確化」したとして、室内であっても身体的距離（おおむね2m）が確保でき、会話をほとんど行わない場合には、マスクの着用が必要ないこと等を記載しています（※お年寄りと会う時や病院に行く時などハイリスク者と接する場合にはマスクを着用する、という条件はついています）。

　202305版マニュアルでは「第2章　平時から求められる感染症対策について」において「下校時に通勤ラッシュ時等混雑した電車やバスを利用する場合や、校外学習等において医療機関や高齢者施設等を訪問する場合など、社会一般においてマスクの着用が推奨される場面では、マスクを着用することが推奨」されるものの、「学校教育活動においては、児童生徒及び教職員に対して、マスクの着用を求めないことが基本となります」との記載です。「第3章　感染流行時における感染症対策について」では、「地域や学校において感染が流行している場合などには、教職員がマスクを着用する又は児童生徒に着用を促すことも考えられますが、そういった場合においても、マスクの着用を強いることのないようにしてください」との記載になります。流行時であっても「（マスクを着用するもしくは促すことも）考えられる」や「強い

ることのないように」という表現は、Ver.8での「身体的距離が十分とれないときはマスクを着用するべき」や「十分な身体的距離が確保できる場合は、マスクの着用は必要ありません」という表現に比して、感染対策におけるマスクの重要性が低くなったような印象があります。

　「学校における新型コロナウイルス感染症に関する衛生管理マニュアル」は、他サイトやPDF内では文科省ページ内のマニュアルへのリンクとして表現されているケースが多く、現在リンクからは最新版のマニュアルが表示されるため、混乱を招かない利点があると思われる一方で、旧バージョンにかかわるネット上の情報をどこかにアーカイブしていく必要性もあるでしょう。

③　学校における危機管理を考える

(1) はじめに

　ここでは、感染症以外の事象による学校の危機管理について考えます。学校では、感染症以外にも、自然災害、児童生徒のケガや心停止などの事故、校内への不審者侵入などの加害行為及び火災などに備えることが必要です。特に、日本はとりわけ自然災害の多い国であるところ、近年では自然災害が激甚化する傾向にあります。

　学校のこれら危機管理に関する法律はあるのでしょうか。危機管理については、学校保健安全法第3章の「学校安全」の中に規定があります。その章には、「学校安全に関する学校の設置者の責務（26条）」、「学校安全計画の策定等（27条）」、「学校環境の安全の確保（28条）」、「危険等発生時対処要領の作成等（29条）」及び「地域の関係機関等との連携（30条）」の規定があります。この中で危機管理に関して最も密接に関係する規定は29条「危険等発生時対処要領の作成等」です。条文は、以下の通りです。

156

第二十九条第一項　学校においては、児童生徒等の安全の確保を
　図るため、当該学校の実情に応じて、危険等発生時において当該
　学校の職員がとるべき措置の具体的内容及び手順を定めた対処要
　領（次項において「危険等発生時対処要領」という。）を作成するも
　のとする。

　危険等発生時対処要領は、一般的には、「危機管理マニュアル」と呼
ばれ、各学校で作成が義務付けられています。起こった事象から児童
生徒等の生命身体を守るためのマニュアルです。しかしこれだけです
と、具体的にどのようなマニュアルを策定すればよいか、はっきりわ
かりません。そこでこの法律を所管する文科省は、このマニュアルに
何を期待しているか、そして具体的にはどのような内容を記すマニュ
アルなのかを「資料」という形で、発行しています。そこで、本稿で
は、この資料の内容を網羅的ではありませんが概要を紹介するととも
に、最後に長野県にある実際の小学校がどのようなマニュアルを作成
しているのかを紹介しようと思います。

(2)「学校の『危機管理マニュアル』等の評価・見直しガイドライン」

1）これを取り上げる理由

　文科省では、学校の危機管理マニュアルに関連して、次の５つの資料
を公表しています。①2022年発行の「学校の『危機管理マニュアル』
等の評価・見直しガイドライン（以下、ガイドラインと称す）」、②2019
年発行の「『生きる力』をはぐくむ学校での安全教育」、③2018年発行
の「学校の危機管理マニュアル作成の手引」、④2016年発行の「学校
事故対応に関する指針」、⑤2012年発行の「学校防災マニュアル（地
震・津波災害）作成の手引き」です。この内、①「学校の『危機管理マ

ニュアル』等の評価・見直しガイドライン」では、それまでに発行した②から⑤までの資料に記載されている内容やその考え方を踏襲しつつ、各資料の記載事項を統合・再整理する形で、学校の危機管理に求められる事項を整理した最新の資料になります。そこで、まずこのガイドラインに記載されている概要を紹介しようと思います。このガイドラインは、危機管理マニュアルの基本事項を示した上で、危機管理について「事前の危機管理」「発生時（初動）の危機管理」「事後の危機管理」の3つの段階に区分して記述しています。

2）危機管理マニュアルの基本事項

　危機管理マニュアルの想定を超えた事態が発生した場合には、その場で臨機応変に判断し対応することが必要になりますが、そのための判断のよりどころとして危機管理の基本方針を定めることが必要だとしています。

3）事前の危機管理
①現状及び危機管理の前提となるリスクの把握
　学校が立地している地域の地勢・地質などの自然的環境や、人口・都市構造・交通環境など社会的環境の概略について、危機管理マニュアルに記載するとしています。これらの情報に基づいて学校で起こり得る危機事象を特定し、想定される事態を明確化するとしています。危機事象として、次のものが挙げられています。生活安全に関わるものとして、傷病の発生・犯罪被害・食中毒・異物混入・食物等アレルギー、交通安全に関わるものとして、自動車事故・自転車事故・その他の交通事故、災害安全（防災）に関わるものとして、気象災害・地震・津波災害・土砂災害・火山災害・原子力災害・大規模事故災害及び火災、その他として、大気汚染・感染症・弾道ミサイル発射・その他が

挙げられています。

②危機の未然防止対策

　平常時から各学校の実情に応じて安全な環境を整備し、事故や災害等の発生を未然に防ぐための対策が必要だとしています。そして、学校内外の施設・設備の点検などを継続的かつ計画的に実施し潜在的な危険箇所を抽出した上で、その危険箇所の分析と管理が必要としています。そして、具体的に、「傷病者発生防止対策」、「犯罪被害防止対策」、「火災予防対策」及び「教育活動の様々な局面における未然防止対策」について述べています。

　傷病者発生防止対策としては、まず病気については定期健康診断の結果などを的確に把握し、それを生かすことが対策となるとし、ケガについては、先に示した危険箇所や危険な行為等を把握することが対策となるとしています。そして、頭頸部外傷の防止対策、熱中症の防止及び食物アレルギー・アナフィラキシーの防止の方法については特に取りあげ、対策を具体的に示しています。

　犯罪被害防止対策としては、学校への不審者侵入を防止する上では、①校門、②校門から校舎の入口まで、③校舎への入口という３段階の観点をもつことが重要であるとしています。

　火災予防対策としては、火災の予防に関しては、消防法第８条１項に基づき、多くの学校で「消防計画」が定められていることから、危機管理マニュアル上は消防計画を参照する旨述べています。

　教育活動のさまざまな局面における未然防止対策については、学校生活においては、各教科の学習時間、休み時間、クラブ活動等、全ての教育活動を対象として、危機の未然防止対策が必要だとしています。校外活動では、校内での学習状況とは異なり、慣れない土地・状況での安全確保が求められるので、校外活動先での危機管理には、特に周到な準備が必要だとしています。

③危機発生に備えた対策

　夜間休日等の勤務時間外であっても、児童生徒等の安否確認などを的確に行うためには、災害等危機事態の大きさに応じて教職員が非常参集する必要があり、災害の種類に応じて、段階的な基準を設定し、校長等管理職と一般の教職員のうち誰がどの段階で参集するかについて、危機管理マニュアルに記載するとしています。

　事故・災害等の状況等に応じて、適切に避難することが必要であり、これを実現するためには、さまざまな事態を想定してあらかじめ避難計画を策定しておくこと、及びこの計画を検討する上で、その特徴に応じて、一次避難（その場で身を守る行動）、二次避難（校庭や校舎の上階などでの安全確保）、三次避難（二次避難場所など校内の避難先に危険が迫った場合のさらなる避難）のあり方を考えなければならないことを示しています。そして、この計画を踏まえ、さまざまな災害の種類・発生状況等を想定した避難訓練を行うことと、教職員が必要な知識・技能を身に着けることが、必要であるとしています。

　4）発生時（初動）の危機管理
①傷病者発生時の基本の対応

　事故・災害等により傷病者が発生した場合には、教職員等が連携して、迅速・的確な応急手当、緊急連絡・救急要請などを行うことが重要とし、このための基本の対応については、1枚のフロー図などの形で簡潔・具体的にまとめておくことが望まれるとしています。
②犯罪被害発生時の対応

　正当な理由なく校地や校舎に立ち入ったり、立ち入ろうとしたりする人がいた場合には、不審者とみなして、児童生徒等の安全を最優先に対応することが必要であり、危機管理マニュアルには、これらの人を見かけた場合の対応について、具体的に記載するとしています。

また、学校に対して爆破予告などの犯罪予告・脅迫が寄せられたり、校内で不審物が発見されたりした場合に備えて、危機管理マニュアルには、その対応をフロー図などの形で整理しておくと良いとしています。

③交通事故発生時の対応

　登下校中などで交通事故が発生した場合にさまざまな対応を並行・手分けして行うことができるよう、必要な事項をわかりやすくフロー図などで整理しておくとしています。

④災害発生時の対応

a 火災発生時の対応

　多くの学校では、火災発生時に取るべき対応については、危機管理マニュアルとは別に、消防計画の中で定めているので、火災発生時には、基本的にこの消防計画に定められた対応を取ることになるとしています。

b 気象災害時の対応

　大雨など気象災害のおそれがある場合の対応のため、危機管理マニュアルには、収集すべき情報の種類、臨時休業等の判断基準、近隣校等との連携や、保護者への連絡方法などについて、具体的に定めておくとしています。また、近年は、突発的なゲリラ豪雨など、事前に予測されていないような急激な気象状況の変化が災害をもたらす例も数多く報告されているので、危機管理マニュアルでは、事前の対応（臨時休業等）がない中で突然これらの災害等が発生した（又は発生する可能性が高い状況となった）場合を想定して、対応を考えておくことが必要だとしています。

c 地震発生時の対応

　地震発生時には、［3(2)3)③］での記述の繰り返しになりますが、次のように段階的な避難行動を取ることが必要としています。①地震感

知（揺れを感知、緊急地震速報を受信）と同時に身の安全を確保する「一次避難」、②その後、校内のより安全な場所（校庭等）へ避難する「二次避難」、③津波や延焼火災その他の二次災害の危険が学校に迫った場合に校外の安全な場所へ避難する「三次避難」です。この際、教職員が実施すべき事項や児童生徒等の対応、避難に関する判断などを簡潔・具体的にフロー図などの形で整理しておくことが望まれるとしています。

　d 火山災害発生時の対応

　火山噴火のハザードマップで示される火山現象の影響範囲内に立地している学校は、市町村の地域防災計画で避難促進施設に指定されている場合はもちろんのこと、まだ指定されていない場合でも、市町村等の避難計画に基づいて火山災害発生時の避難計画を作成することが必要としています。

　e 原子力災害発生時の対応

　原子力発電所をはじめとする原子力施設の周辺では、万が一、原子力施設で事故が発生した場合に備えて、以下の2種類の「原子力災害対策重点区域」が設定されています。①予防的防護措置を準備する区域（PAZ: Precautionary Action Zone）：原子力施設から概ね半径5kmの区域。放射性物質が放出される前の段階から、予防的に避難等を行う。②緊急防護措置を準備する区域（UPZ: Urgent Protective action planning Zone）：PAZの外側の原子力施設から概ね半径30kmの区域。

　これらの区域では、原子力施設で発生した事故等の重大性を基に設定する3段階の緊急事態区分に応じて、段階的に避難等を行うこととなっています。PAZやUPZ内に立地する学校では、原子力施設で事故等が発生した場合に備えて、緊急事態区分に応じた対応を検討し、あらかじめ避難計画として整理しておくことが必要だとしています。

　⑤その他の危機事象の発生時の対応

　弾道ミサイル発射等への対応に関しては、事前に検討する避難計画

の中で、授業中（屋内・屋外）の場合、登下校中の場合など、さまざまなケースを想定して、具体的な避難場所・避難方法を定めておくとともに、発生時の対応として簡潔なフロー図にまとめておくことが望まれるとしています。

⑥校外活動中・校内行事開催中における事故災害等発生時の対応

校外活動中に事故・災害等が発生した場合には、引率教職員を中心とした限られた人員でその対応に当たらなければならず、また、事故・災害の渦中では、学校に残る管理職等と連絡を取り、その判断の下で対応できるとは限らず、連絡が取れない状況の中で引率教職員が判断を下さざるを得ない場合もあります。このような万が一の場合に的確に対応できるよう、具体的な対応を定めて危機管理マニュアルに記載しておくことが必要としています。

保護者や来賓などが参加する校内行事の開催中に、事故・災害等が発生した場合には、来訪者に対し、身の安全を確保するための行動などをとってもらうことが必要となるので、危機管理マニュアルには、事故・災害等の種類に応じた来校者の取るべき行動、避難場所等について定めるとともに、具体的な対応指示の方法・担当者なども定めておくとよいとしています。

5）事後の危機管理

①事後（発生直後）の対応

a 児童生徒等の安否確認及び集団下校・引渡しと待機

事故・災害等の発生後には、速やかに児童生徒等の安全を確認する必要があり、また、事故・災害等が発生した後に、集団下校をさせるか、保護者等へ引渡しを行うか、学校で待機するかなど、児童生徒等の安全を第一に考えた判断を下す必要があるとしています。

b 保護者等・報道機関への対応

　保護者等への対応に関しては、事故・災害等の発生直後に第一報を入れ、続いて第二報を入れるなど、速やかな連絡を取ることが重要であるので、その旨を危機管理マニュアルに定める等としています。報道機関への対応に関しては、報道関係者への対応窓口は原則として一本化することが必要である等としています。

c 教育活動の継続

　事故・災害等の発生後、学校は、教育活動の継続について検討・決定し、学校機能の早期回復を図ることが求められており、それに対応するためには、被害状況等を把握し、その状況を踏まえた応急教育計画を作成することが必要としています。また、危機管理マニュアルには、応急教育計画を作成する上で検討すべき事項について、具体的に記載しておくとしています。

d 避難所運営への協力

　事前に、避難所としての学校施設の利用計画や避難所開設・運営の役割分担などについて、市町村の防災担当部局や地域の防災組織と十分に協議して共通認識を構築した上で、学校の役割・体制等についてとりまとめておくとよいとしています。

②心のケア

　学校保健安全法第29条第3項では、学校は、事故・災害等で危害を受けた児童生徒等や心理的外傷など心身の健康に影響を受けた児童生徒等その他関係者について、心身の健康を回復するために必要な支援を行うものとされているため、危機管理マニュアルでは、事後対応の一環として、心のケアに関する事項も明確にしておく必要があるとしています。

　また、事故・災害等で被災した教職員や、事故・災害等の対応に当たる教職員などもまた、大きなストレスを抱えることが少なくなく、教

職員間でこれを共通の認識にするとともに、教職員の相互支援を基盤とした措置を講じることができるよう、教職員の心のケアに関しても危機管理マニュアルに記載しておくことが望ましいとしています。

③調査・検証・報告・再発防止等

学校は、死亡事故及び治療に要する期間が30日以上の負傷や疾病を伴う場合など重篤な事故が起こった場合には、学校の設置者等へ速やかに報告を行うことが求められているため、報告の手順や報告先、報告内容（様式）などについては、あらかじめ危機管理マニュアルに明記しておくとしています。

(3) 長野県の小学校の事例

1) 長野県 X 地域における A 小学校

ここでは長野県 X 地域における A 小学校において危機管理マニュアルが具体的にどのように記述されているかについて述べます。X 地域は人口は約 1 万 4000 人余で、自然豊かな土地に位置し、A 小学校はその地域の中心地域に立地しています。A 小学校の危機管理マニュアルは、2021 年 11 月下旬から 12 月上旬にかけての聞き取り調査の際に頂いたものになります。

危機管理マニュアルにあたるとされた資料のタイトルは、「令和 4 年度防災および警備計画」となっています。特徴は、後述の B 小学校と異なり、必要となる諸書類をバインドした形式になっている点です。A4 で全 29 頁になります。

内容は、順にみていくと以下の通りです。なお、その項目が何頁分を割いているかを括弧で示しました。

以下これらを簡単に説明します。7 と 8 については後述します。

1「防災計画」（2 頁分）では、非常災害の際の基本方針・校内防災組織・防災訓練年間計画・火災の場合の処置・地震の場合の処置・台風

など風水害の場合の処置・非常災害時児童・生徒引き渡しに関する処置・避難所運営について書かれており、また、目次の役目もあり、その後の記述の参照頁数も記載されています。2「安全指導計画」（4頁分）では、交通安全指導と防災指導について記載され、3「火気及び管理責任者」（1頁分）では、誰が責任者かが明示され、4「防災組織」（1頁分）では、防災に関し誰がどのような責任を担うのかが明示されています。5保護者宛ての「非常災害時の児童の安全確保に関するお願い」（1頁分）及び6「非常災害時児童引き渡しカード」（1頁分）は、受取人は誰になるのか等が記載されたカードとそれを提出することをお願いするための書類、8保護者宛ての「Ａ小学校災害等安全マニュアル（家庭対応）」（2頁分）では、保護者あてに災害等が起きた場合に学校がどのような対応をするかを説明しています。9「Ａ小学校避難所対応マニュアル」（5頁分）は、避難所設置に関する基本的事項・施設管理者及び関係者の問い合わせ先・初動体制等が記載されています。10「令和4年度Ａの子供を守る地域安全組織」（1頁分）は、事件が起きた際に地域で協力するための、地域の公民館、PTA及び自治会等で構成される組織の案内です。

　文科省のガイドラインで取りあげている項目を網羅的に記述したものではありませんが、7「危機管理マニュアル①（火災・地震）」及び11「危機管理マニュアル②（防犯管理）」の項目があることで、危機管理マニュアルに要求されている事項の最小限は記述されています。以下では、それら2つの内容を見ていきます。

　「危機管理マニュアル①（火災・地震）」の構成は以下の通りです。a基本方針、b目標、c校内防災組織、d防災訓練年間計画、e火災の場合の処置、f地震の場合の処置、g台風など風水害の場合の処置、h非常災害時児童・生徒引き渡しに関する処置、i避難所運営について、j大地震対応マニュアル、k学校としての避難所支援です。このうちjの

大地震対応マニュアルでは、地震発生時の対応のフロー、学校外の諸活動時のフロー、登下校中のフロー、在宅時（休日、夜間）のフロー、参集判断フローを含んでおり、頁数も多く割いている（9頁）点が特徴的です。

　また「危機管理マニュアル②（防犯管理）」の構成は以下の通りです。3つの項目があります。1「外部侵入者への対応」では、校舎内の巡視を行い安全の確認をする・予防策としての不審者のチェックと校舎出入者の把握・教室での防犯対策、防犯警備システムを挙げています。加えて2「登下校の安全確保」及び3「職員の共通理解と訓練」について記載があります。

2）長野県Y地域におけるB小学校

　ここでは長野県Y地域におけるB小学校において危機管理マニュアルが具体的にどのように記述されているかについて述べます。Y地域も人口は約1万4000人余で、自然豊かな土地に位置し、B小学校はその地域の中心地域に立地しています。B小学校の危機管理マニュアルは、2021年11月下旬から12月上旬にかけての聞き取り調査の際に頂いたものになります。特徴は、一つの書類に体系的に記載されている点です。A4で全17頁になります。

　危機管理マニュアルにあたるとされた資料のタイトルは、「緊急事態時の職員対応手引き」となっています。目次にある項目は以下の通りです。なお、その項目が何頁分を割いているかを括弧で示しました。

　1「けが・病気」（1頁分）では、けが・病気の際の連絡網チャートが記載され、2「交通事故」（半頁分）では、交通事故の場合の手順が登校時・下校時と休日とに分けて記載されています。3「食中毒・伝染病」（半頁分）では、食中毒・伝染病が発生した場合の手順が記述されています。4「盗難」（半頁分）では、盗難が発生した場合の手順が学

校外部の場合と学校内部の場合に分けて記載されています。5「不祥事」（半頁分）では、不祥事が起きた場合の手順について、児童の場合と職員の場合に分けて記載されています。6「不審者侵入」（1頁半分）では、不審者侵入の防止対策と侵入後の手順に分けて記載されています。7「不審な郵便物」（半頁分）では、不審な郵便物が届いた場合の手順を、郵便物が開封されていない場合と、郵便物が開封されて粉等がこぼれた場合に分けて記載されています。また、不審な郵便物の特徴として、見ず知らずの人から送られてくる物、差出人の住所や氏名が無い物で、受取人を限定するような「個人宛」「親展」等の記載がある物等5つの例示を挙げています。8「火災」（2頁半）では、火災の場合の対応の手順を、①学校火災の場合、②児童宅・職員宅の場合、③学区内の火災の場合に分けて記載されています。9「災害」（3頁分）では、災害の場合の対応の仕方を、地震の場合と台風通過・暴風雨の場合に分けて記載されています。地震の場合は、授業時、校外学習時、登下校中、職員帰宅時の場合に分けて記載されており、校外学習時・登下校時の対応についてはその手順がフローで示されています。台風通過・暴風雨の場合もその手順がフローで示されています。10「給食関係」（1頁分）では、給食に関わる問題が生じた場合の対応について、「児童に給食が原因と思われる体調不良者が出た場合」と「給食の中に異物が混入したことがわかった場合」に分けて記載されています。11「避難所開設・運営マニュアル」（2頁半）では、避難所開設・運営に関して必要となるマニュアルがフローで記載されています。12「その他・留意点」（半頁分）では、9つの留意事項が示されており、とりわけ不審電話について、「児童、保護者、職員の名前や住所、電話番号等については絶対言わない。学校としてはその事については答えられない事を伝える」「電話を切るタイミングのつかめない時は、『あなたの住所、電話番号、会社名を教えてください。相談してから後で連絡し

ます』と言って電話を切る」等 4 つの留意事項を記載しています。

特徴は危機管理マニュアルが体系的に示されていることでしたが、ガイドラインでは取り立てて説明していない点について、記載されている点も特徴です。5 の不祥事が起こった場合、7 の不審な郵便物が届いた場合、10 の給食に関わる問題が発生した場合及び 11 の不審電話の場合です。

(4) まとめ

前述したように［3(2)3)①参照］、ガイドラインでは、学校の危機にあたる事象を多岐にわたり挙げていましたが、危機の事象はこれらに限らないと思われます。またここに挙げた事象でも想定の範囲を超えてくる可能性もあります。B 小学校ではガイドラインでは取り立てて説明していない事象についても記載なされていましたが、当該学校にはどのような危機がありうるのかをガイドラインに頼らずに考えておくことが重要だと思われます。また、想定されない危機が発生した場合に判断のよりどころとなる危機管理の基本方針や理念を熟慮しておくことも重要です。例えば、その基本方針や理念の中で一番はじめに、「子どもの命を何よりも第一に考えるべきとする」[5] ということを記述するだけでも判断に迷った場合の判断のよりどころになると思われます。

4 「感染症予報士」の可能性

さて、新型コロナのパンデミックを経験した私たちは、防疫や危機管理のあり方を踏まえて、今後の感染症対策をどのように進めれば良いのでしょうか。その一つの模索が、「感染症予報士（仮称）」の養成だと思います。2020 年に東京農工大学の人材を活用した「未来疫学 ®

キュレーター（感染症予報士）養成事業（試行）」案が提案されたことがあります。これは、東京農工大学未来疫学研究センター（当時は東京農工大学農学部附属国際家畜感染症研究教育センター）の研究ノウハウを、喫緊の課題であった新型コロナウイルス感染症（COVID-19）の防疫対策に役立てるだけでなく、将来の感染症の流行に備える人材を市民レベルで養成しようとするものでした。

　事業計画案は、【事業の背景】として「新型コロナウイルス感染症（COVID-19）の感染の拡大によって、医療機関及び医療従事者への過重な負担が『医療崩壊』のリスクを高めつつある。第一波における保健所への過重な負荷を含め、新型コロナを含む『未知の感染症』に遭遇した際に、いかに医療機関や保健所等の専門機関の負担を軽減するかが重要となっている。」と述べました。その【目的】を「東京農工大学『未来疫学®』の創生によるコロナ対策研究グループ（代表者・水谷哲也教授）は、本学におけるコロナ対策に関連する研究者のネットワークと研究蓄積を活用してオープンイノベーションの拠点を形成するために……『感染症予報拠点』の形成に基づく『未来疫学®キュレーター（感染症予報士）』の具体化に向けて、事業者・市民を対象に新型コロナウイルス感染症（COVID-19）に関する講習会を企画・試行することで、本学の研究資源を社会のニーズに活用したシステムづくりを模索したい。」としています。

　そして、【研修会の進め方】として、（1）学校・企業・自治体等が、本学「未来疫学®」研究班に対して研修の委託（有償）を行う。（2）講習会は、1回の講習会を大学の授業時間割に合わせて、第1時限（8:45開始）から第5時限（18:00終了）までの5コマとする。この講習会の講義・実習内容としてPCR検査の仕組みに関する項目を入れ、併せてクラスター対策及びPCR検査の仕組みを理解するために、希望者に対して事前に検査を実施する場合もある（事業者に委託）。（3）1回の研

170

修会の定員を 50 名とし、修了者には「未来疫学®キュレーター（感染症予報士）研修会（初級）修了証」を授与する。(4) 依頼者の希望がある場合には事前に PCR 検査キットを参加予定者に送付し、その結果を踏まえて COVID-19 及び感染症に関する基本的な知識を講習する。検査結果の通知方法は、別途、依頼者と協議する。(5) 1 回の研修会の基準経費を ¥300,000（1 人当たり ¥6,000×50 名/PCR 検査費用＋テキスト代＋資料代を含む）とする、と提案されたのです。

　残念ながら、この「未来疫学®キュレーター（感染症予報士）養成事業（試行）」は実現しませんでしたが、これから私たちが直面せざるをえない多くの感染症に対する専門家と行政・事業所・学校、市民との連携のあり方として、引き続き模索する価値のある提案だと思われます。

　私たちは新型コロナから何を学び、これから感染症にどう向き合うのか、まだまだ模索の余地がありそうです。

注

1　朝岡幸彦・三浦巧也・阿部治「終章　ふたたび「学び」をとめないために」水谷哲也・朝岡幸彦編著『学校一斉休校は正しかったのか？』（筑波書房、2021年）。

2　同上。

3　2020 年 6 月 16 日、8 月 6 日、9 月 3 日、12 月 3 日、2021 年 4 月 28 日、11 月 22 日、2022 年 4 月 1 日、2023 年 5 月 8 日。

4　朝岡幸彦・三浦巧也・阿部治　前掲。

5　文部科学省（2022）「学校の『危機管理マニュアル』等の評価・見直しガイドライン」34 頁コラム参照。

（榎本弘行・岩松真紀・朝岡幸彦・福永百合・李聡）

第9章

健康格差の是正に教育はいかに貢献できるか

1　はじめに

　私たちは新型コロナウイルス感染症（COVID-19）によるパンデミックからなにを学んだのでしょうか。本稿の主題からその問いに答えるならば、われわれはいまだ健康への権利を十分に享受できていないという現実があるということを学んだと言えるでしょう。言い換えれば、新型コロナによるパンデミックは、現代社会における格差、特に健康格差を現前させたと言えます。それは、新型コロナによるパンデミック以前から存在する健康格差を背景としており、そのパンデミックにより、その輪郭がはっきり現れたのです。

　そこで本章では、その健康格差に対する教育の役割を問いたいと思います。まず、新型コロナによるパンデミックによって明らかになった医療資源配分の不公正の問題を紹介します。次に、その医療資源配分の不公正に是正を求める健康正義について紹介します。健康正義が社会運動ないし、公共性の領域における理念であることを、権力的公共性（垂直的関係）と市民的公共性（水平的関係）の対比にかかわる公共性の概念の検討を行うなかで確認します。以上の議論を踏まえ、最後に健康正義の理念を社会において共有する道筋は、市民的公共性を

エンパワーメントする教育にこそ見いだせると結論づけたいと思います。

② パンデミックと健康格差

　今般の新型コロナによるパンデミックは、その前後で社会を大きく変容させました。「不要不急」「エッセンシャルワーク（ワーカー）」「オンライン／対面」など2020年以降定着していった概念であるといってよいでしょう。そのなかで本稿が着目したいのは、現代社会における健康格差を目の当たりにさせたということです。特に、RNAワクチンは、RNAワクチンそのものがわれわれに大きなインパクトを与えましたが、多くの患者に接することになる医療従事者、重症者リスクの高い高齢者、基礎疾患のある人々から優先的に接種をすすめるなど、これまでわれわれの社会で培われた経験が活かされたといえます。

　このようにさまざまな工夫がされたとはいえ、先進国におけるワクチン接種が先行して進んだことは記憶に新しいでしょう。豊かな国や地域、社会的に優位に立っている国や地域が他に先行して、ワクチンを手に入れることができたのです。札幌医科大学の公開しているデータによれば、2023年9月現在における「ワクチン部分接種率」も、ワクチン供給初期における国内の「ワクチン部分接種率」の上昇の仕方も、ヨーロッパやアメリカといった先進国の方が大きく上回っています[1]。

　こうしたワクチン供給の格差の背景として、各国の経済力の格差や、医療従事者や医療機関の絶対数の格差、また、ワクチン自体の輸送に関わる交通インフラの格差などが考えられます。こうした現状を疫学・公衆衛生学を専門とするマイケル・マーモット（2017）は「医療は生命を救う。だが、そもそも病気を引き起こすのは医療の欠如ではない。

健康の不平等は社会の不平等から生じている」と論じています。すなわち、われわれの健康が既存の社会格差、経済格差から直接的な影響を受けているということです。こういった健康にかかわる格差を健康格差と呼びます。ここでいう社会格差や経済格差は、単純に社会的な地位や収入の格差を指摘しているだけではなく、地域間格差や学歴格差、人間関係の格差やストレスの格差といった、社会・経済格差に付随するさまざまな格差も含まれています。

　健康格差は、2008 年に WHO（世界保健機関）が報告書『一世代のうちに格差をなくそう——健康の社会的決定要因に対する取り組みを通じた健康の公平性』("Closing the gap in a generation: health equity through action on the social determinants of health — Final report of the commission on social determinants of health") において発表したことによって注目され、日本もそれを受けて、「国民健康づくり運動プラン」において「健康格差の縮小」を唱っています。

　このように健康格差は、新型コロナウイルス感染症によるパンデミック以前から論じられていたことです。例えば、社会・経済格差の中で取り残されている疾病もあります。「顧みられない熱帯病（NTDs: neglected tropical diseases）」が「健康面でも社会経済面でも非常に大きな問題にもなっているのにもかかわらず、自分とは関係のない疾病」として、健康格差が問題になるに応じて注目されています（ホッテズ 2015、5 頁）。すべての疾病が平等に対応されているわけでは必ずしもないことの証左でしょう。他にも、うつ病の原因について「個人の要因として、社会的サポートが乏しいこと、低学歴であること、低所得者であること、経済的な困窮などの社会経済的要因がうつの危険因子であるという報告が多い」（近藤 2022、102 頁）という指摘がされているなど、社会・経済格差が心身の健康を損ねる例は多数存在します。

　このように新型コロナによるパンデミック以前から注目されていた

健康格差ではありますが、このパンデミックにより、はっきりと可視化されたと言えます。この経験を今後にどう活かすのかをわれわれは考えなければならないでしょう。したがって、健康格差の解消を目指していくなかで、健康格差にたいしてその是正を求める概念である健康正義について考えてみたいと思います。

3 健康正義

　正義というと、ときに上目線で押しつけがましいといった印象をもつかもしれません。あるいは、正義に対して悪を対置して、正しさをめぐって価値相対主義的な態度を生みだし、さらなる混乱を生みだしていると思われる向きもあるかもしれません。しかしながら、健康正義で言うところの正義は、決して、一方的に正しさを押しつけたり、唯一の正しさとして強調したりしているわけではありません。公正な社会を目指す理念として正義は理解できます。現代正義論の祖ともいえるジョン・ロールズの議論を見てみましょう。まずロールズは「真理が思想の体系にとって第一の徳であるように、正義は社会の諸制度にとっての第一の徳である」（Rawls 1999、3頁＝ロールズ 2010、6頁）とします[2]。このように考えると、正義とは社会の制度がもつべき徳であり、正義にかなった社会制度に近づいていくことを要請するような規範を正義と呼ぶことができるでしょう。ここで重要なのは、正義は、社会的課題を個人のふるまいや心がけの問題に還元してしまうのではなく、あくまで社会制度の問題として引き受ける点にあります。つまり、「健康の個人的要因、たとえば生活習慣でさえ、その背後に社会経済的状況の影響があると考えられる」（玉手 2022、90頁）ため、肥満や生活習慣病なども含めたさまざまな疾患や健康被害を個人の責任だけで片付けず、社会制度による解決を目指します。

現代社会には「体質や遺伝情報といった生物学的要因以外にも、社会経済的要因が健康に影響を及ぼす」（児玉 2019、179 頁）といわれ、その社会・経済的要因の格差が健康格差につながることが指摘されています。これらを社会制度の課題として扱い、健康格差を是正しようとするのが健康正義です。

　そして、本稿では健康正義を、第一に配分的正義（distributive justice）、第二に参加的正義（participative justice）に大きく 2 つにわけて論じてみたいと思います（cf. Shrader-Frechette 2002、大倉 2020）。まず、第一に配分的正義は、ここまででも述べているように健康格差ないし、医療資源配分不公正の是正を目指す概念です。第二に参加的正義は、これまで健康に関わる社会的な意志決定が一部の人間に偏っていたことから、その不公正の是正を目指す概念です。

4　権力的公共性と市民的公共性

　さて、公害研究のはじまりからその研究をリードし続けている宮本憲一は近年の気候変動と新型コロナウイルス感染症によるパンデミックを踏まえて、「自然災害の公害化」、「疫病の公害化」を指摘しています（宮本 2020b, p.2）。これまで述べてきたように、2020 年からはじまった新型コロナによるパンデミックによって、われわれにグローバルな格差を目の当たりにしました。1975 年『日本の公害』において宮本らが「環境破壊による死には、経済的序列がある」（宮本・庄司 1975、21-22 頁）としたように、先に述べたように疫病による死にも経済的序列があることを踏まえると、「疫病の公害化」という指摘にも大いに首肯できます。

　ここでは宮本が大阪空港裁判から析出した対比的な公共性概念である〈権力的公共性〉と〈市民的公共性〉の議論に注目してみたいと思

います（cf. 宮本 1981、宮本 2002、宮本 2014）。宮本は、戦前以来の公共性概念、すなわち「権力－服従の垂直関係の中で、権力行使の機能を有するものが優越的な意思の主体として相手方の意思の如何に関わらず、一方的に意思決定をして、その結果については相手方の受忍を強いるものでなければならない」（宮本 2002、34 頁）とする〈権力的公共性〉の存在を指摘します。他方で、〈権力的公共性〉に対比して、平等的な権利主体間の水平関係があってその水平関係のなかにも公共性があって、その水平関係の公共性、すなわち〈市民的公共性〉が〈権力的公共性〉によって侵害されるのは不当であるとしました。

　この公共性の二元論は、健康格差の是正を考えるさいにも有効なのではないかと考えます。〈権力的公共性〉が有効な場面は、市民が身体的に同じ条件下にあり、同じ医療資源の配分を求めている場合でしょう。しかしながら、それはある種理想的な、理論的な状況であり、医療資源配分を受ける市民におかれた身体的条件をはじめとした諸条件は実際には同じではありません。そういったときにどういった医療資源が必要なのかを草の根的に模索する空間、すなわち〈市民的公共性〉が求められるでしょう。こういった草の根的な空間である〈市民的公共性〉では、平等な権利主体間での意思決定であるので、見過ごされがちな疾患への支援策も打ち出しやすくなります。健康への権利を平等に求めるためには、〈権力的公共性〉によって垂直関係の中で意思決定されていくのではなく、〈市民的公共性〉によって水平関係の中で意思決定していくことが重要なのではないでしょうか。そして健康正義の文脈に位置づけ直せば、〈市民的公共性〉は参加的正義と大きく関わります。一部の専門家たちのみで意思決定がなされるのではなく、市民が草の根民主主義として健康への権利を行使する〈市民的公共性〉が参加的正義にかなった意思決定であると言えます。さきほど、〈権力的公共性〉と〈市民的公共性〉は対比的な概念であるとしました

が、論理的には対比的であるけれども、あくまでも〈市民的公共性〉に基礎付けられてはじめて機能するのが〈権力的公共性〉であると言え、〈権力的公共性〉はその基礎である〈市民的公共性〉を失っては、例えばワクチン接種を市民の自由意志を封殺して一律に無理強いするなどのように、暴力的な権力に簡単に変容してしまう可能性すらはらんでいると言えます。基礎、あるいは土台としての〈市民的公共性〉は言い換えれば、ボトムアップ型の意思決定であるともいえ、自治における必須の条件でもあるでしょう。

　ここで強調しておきたいのは〈権力的公共性〉から〈市民的公共性〉への転換を必ずしも主張しているわけではないと言うことです。ある種パターナリスティックな〈権力的公共性〉が求められるような場面、たとえばパンデミックなど、もありうるでしょう。しかし、重要なのは、パンデミックにみられるような非常時における〈権力的公共性〉を草の根民主主義による公共性に下支えされたものにするためにも、平常時における〈市民的公共性〉にもとづくそなえ、あるいはかまえをしておく必要がある、基礎固め、土台作りをしておく必要があるということでしょう。そのためには〈市民的公共性〉を涵養することが求められるのではないでしょうか。

5　おわりに

　21世紀に入って人獣共通感染症が増加しており、これからもパンデミックにたいしてそなえておく、かまえておく必要があるでしょう。今般の新型コロナウイルス感染症によるパンデミックからの最大の学びは、次なるパンデミックにそなえること、かまえることが平常時から必要であるということかもしれません。

　平常時にできるそなえること、かまえることのひとつは、〈市民的公

共性〉をエンパワーメントすることだと思います。〈市民的公共性〉を端的に表現すれば、みんなで考え、みんなで議論し、みんなで実践することです。例えば、〈市民的公共性〉のエンパワーメントには、専門知をいかに専門家と市民とが共有できるかも重要な課題でしょう。今般の新型コロナによるパンデミックにおいても、RNAワクチンをめぐってさまざまな混乱がありました。RNAとはなにか、ワクチンとはなにかといった専門知を日頃から学んでおくことも、みんなが納得してRNAワクチンを接種し、健康への権利を行使する上で重要であることがわかりました。こういった学びをみんなで実践する経験を積み重ねることが、〈市民的公共性〉をエンパワーメントする教育につながるのではないでしょうか。そして、〈市民的公共性〉をエンパワーメントすることは地域において、自治体において社会教育がその担い手になりえるのではないでしょうか。

　さきほど紹介した「疫病の公害化」とは、公害がまさにそうであった、あるいは今まさにそうであるように、疾病も社会・経済格差に起因しているということにあります。疫病を公害から類推して考えることは、疫病が社会・経済格差をその背景にもっているだけでなく、被害ないしその格差の背景にある人為性を浮かび上がらせることになります。すなわち、疫病を社会の問題として捉えなおすことができ、みんなで解決できる問題として捉えなおすことができるのです。新型コロナを人為性から切り離して単なる「はやり病」としてしまっては、社会として打つ手がなくなってしまいますので、その感染拡大の人為性を捉えることではじめて社会として対応策をみんなで考える道筋が見えてくるのではないでしょうか。

注
1　詳細は参考文献にあるURLを参照のこと。

2　筆者によって訳の変更している箇所があることを申し添えておく。

参考文献

近藤克則『健康格差社会——何が心と健康を蝕むのか【第2版】』（医学書院、2022年）。

玉手慎太郎『公衆衛生の倫理学——国家は健康にどこまで介入すべきか』（筑摩書房、2022年）。

ノーマン・ダニエルズ、ブルース・ケネディ、イチロー・カワチ『健康格差と正義——公衆衛生に挑むロールズ哲学』（児玉聡監訳）（勁草書房、2008年）。

マイケル・ダン、トニー・ホープ『医療倫理超入門』（児玉聡、赤林朗）（岩波書店、2020年）。

マイケル・マーモット『健康格差——不平等な世界への挑戦』（野田浩夫他訳）（日本評論社、2017年）。

松田亮三『健康と医療の公平に挑む——国際的展開と英米の比較政策分析』（勁草書房、2009年）。

アマルティア・セン『不平等の再検討——潜在能力と自由』（池本幸生・野上裕生・佐藤仁）（岩波書店、2018年）。

Rawls, John (1999) A Theory of Justice revised edition, The Belknap Press of Harvard University Press.（ジョン・ロールズ『正義論　改訂版』（川本隆史、福間聡、神島裕子訳）（紀伊國屋書店、2010年））。

ロールズ『政治的リベラリズム（増補版）』（福間聡他訳）（筑摩書房、2022年）。

宮本憲一「地球温暖化は社会的災害」『現代思想』第48巻第5号（青土社、2020a）15-20頁。

宮本憲一「公害・環境政策の課題——『環境と公害』50周年記念に寄せて」『環境と公害』第50巻第1号（岩波書店、2020b）2-8頁。

宮本憲一『戦後日本公害史論』（岩波書店、2014年）。

宮本憲一『日本の環境問題』（有斐閣、1981年）。

宮本憲一「市民運動と公共性」『現代思想』第31巻第6号（青土社、2002年）32-47頁。

大倉茂「環境正義論から考える公害の歴史的教訓——公害から気候変動、そして疫病へ」『唯物論研究年誌』第25号（大月書店、2020年）106-127頁。

大倉茂「公害研究における環境正義論——公害研究の思想史へ」『環境と公害』第51巻第3号（岩波書店、2022年））36-41頁。

児玉聡「医療と健康」、宇佐美誠、児玉聡、井上彰、松元雅和『正義論——ベーシックスからフロンティアへ』（法律文化社、2019 年）172-187 頁。

Shrader-Frechette, K. (2002). "Environmental Justice: Creating Equality, Reclaiming Democracy". Oxford University Press.（K・シュレーダー゠フレチェット『環境正義——平等とデモクラシーの倫理学』（奥田太郎他監訳）（勁草書房、2022 年））。

ピーター・J・ホッテズ『顧みられない熱帯病——グローバルヘルスへの挑戦（北潔監訳）（東京大学出版会、2015 年）。

平体由美『病が分断するアメリカ——公衆衛生と「自由」のジレンマ』（筑摩書房、2023 年）。

札幌医科大学「新型コロナウイルス接種率の推移」（https://web.sapmed.ac.jp/canmol/coronavirus/vaccine.html?a=1）2023 年 11 月 15 日閲覧。

（大倉　茂・今井啓博）

あとがき

　本書は、私（朝岡）が新型コロナウイルス感染症（COVID-19）についてまとめた3冊目の本になります。水谷哲也・朝岡幸彦編著『学校一斉休校は正しかったのか？』筑波書房（2021年5月）、朝岡幸彦・山本由美編著『「学び」をとめない自治体の教育行政』自治体研究社（2021年7月）の刊行は、いずれも新型コロナパンデミックの初期（第1波から第4波）における対応を中心に分析したものでした。その後、1年遅れで東京オリンピック・パラリンピックが開催され、オミクロン株が支配的となる中で、新型コロナへの対応は次第に変化して2023年5月には「5類」に移行することで、新型コロナとの「共生」が模索されるようになったと考えられます。本書は、この4年間の新型コロナへの対応の変化を記録・分析するとともに、私たちはここから「何を学ぶのか」を整理しようとしたものです。

　さて、新型コロナのパンデミックに関する膨大な〈事実〉を、どのように記録していけばよいのでしょうか。その模索が各章における記述を支える執筆者の〈解釈〉であり、こうした〈事実〉と〈解釈〉を踏まえて、皆さんにいま一度「新型コロナのパンデミックとは何だったのか」という問いに対する〈意見〉を考えていただきたいのです。

　最後に、編者として感染症の門外漢である私たちにウイルス学の専門家として丁寧にお付き合いくださった水谷哲也先生、急なお願いにもかかわらず快く政策分析と評価を執筆してくださった岡田知弘先生に心からお礼を申し上げます。また、自治体研究社の孟蘭さんの熱意溢れるご協力なしには、本書が刊行できなかったことも申し添えます。

　2024年3月

朝岡幸彦

資料

資料1　新型コロナウイルス感染症（COVID-19）をめぐる動き（日本）

＊2023 年 5 月 8 日まで

年	各期区分	詳細な動き
2020	【第Ⅰ期（潜伏期）】2020 年 2 月 24 日まで 　1 月 15 日に国内で最初の感染者が確認されてから、首相が中国湖北省・浙江省などからの入国拒否を表明し、新型コロナを「指定感染症」とする政令を発する（2 月 1 日）とともに、ダイヤモンド・プリンセス号における集団感染、病院での集団感染が確認され、厚労省が「相談・受診の目安」を公表した（2 月 17 日）。	1.16　国内で初めて感染者を確認したと発表 1.24　外務省、中国湖北省への渡航中止を勧告　都内で初めて陽性患者が確認 1.29　政府チャーター機による中国湖北省の邦人の帰国開始 1.30　WHO「国際的に懸念される公衆衛生上の緊急事態」（Public Health Emergency of International Concern: PHEIC）を宣言→新型コロナウイルス感染症を「COVID-19」と命名（2.11）。政府は新型コロナ感染対策本部を設置 1.31　首相、中国湖北省からの入国拒否を表明（2.12 中国浙江省からの入国拒否を表明） 2.1　新型コロナウイルス感染症を指定感染症とする政令が施行される 2.3　ダイヤモンド・プリンセス号が横浜港入港→10 人感染。乗客乗員の船内待機を決定（2.5） 2.7　厚労省、第 1 回新型コロナウイルス感染症対策アドバイザリーボード開催（第 2 回は 2.10） 2.13　日本国内初の死者 　新型コロナウイルス感染症対策本部「新型コロナウイルス感染症に関する緊急対応策」発表 2.14　厚労省、新型コロナウイルス感染症の影響に伴う雇用調整助成金の特例措置 2.16　政府の新型コロナウイルス感染症対策専門家会議が初会合 2.17　厚労省、「相談・受診の目安」（風邪の症状や 37.5 度以上の発熱が 4 日以上続く方等）公表 2.24　専門家会議が「瀬戸際」見解を出す
	【第Ⅱ期（拡大期）】2020 年 3 月 12 日まで 　政府が新型コロナ対策の基本方針を決定（2 月 25 日）したのち、大規模イベントの自粛、全	2.25　政府、新型コロナ対策の基本方針を決定。厚労省、新型コロナウイルスクラスター対策班の設置 2.26　首相、大規模イベントの自粛を要請。首相、韓国大邱市などからの入国拒否を表明 2.27　首相、全国一斉学校臨時休校を要請

<table>
<tr>
<td>

国一斉学校臨時休校の要請を行い、中国・韓国、米国・欧州からの入国制限・停止を拡大させていく過程である。

</td>
<td>

2.28　北海道知事が独自に「緊急事態宣言」
厚労省、雇用調整助成金について特例措置の拡大（日本人観光客の減少も対象）
3.1　厚労省、「新型コロナウイルスの集団感染を防ぐために」公表
3.3　厚労省、一般家庭用マスクの売渡しを指示及び北海道への優先配布
3.5　首相、中韓全土からの入国制限を表明
　　（→3.10：イタリア5州などからの入局拒否、3.11：英国、欧州26カ国からの入国停止）
3.6　新型コロナウイルスのPCR検査、公的医療保険適用
3.7　日本環境教育学会：緊急声明「子どもたちが『外で遊ぶ権利』を最大限保障してください」の発表
3.9　専門家会議、「新型コロナウイルス感染症対策の見解」を発表、「3密」回避を呼びかけ
3.10　新型コロナウイルス感染症対策本部、新型コロナウイルス感染症緊急対応策　第2弾発表

</td>
</tr>
<tr>
<td>

【第Ⅲ期（規制強化期①）】2020年5月13日まで

　新型コロナ対策の改正特措法の成立（3月13日）を受けて、7都府県への緊急事態宣言の発令（4月7日）、対象区域の全国への拡大（4月16日）、緊急経済対策や補正予算の成立を経て、専門家会議から「新しい生活様式」が公表された（5月4日）

</td>
<td>

3.13　新型インフルエンザ等対策特別措置法の一部を改正する法律が成立
3.15　厚労省、「全国クラスターマップ」公開
厚労省・経産省・消費者庁「国民生活安定緊急措置法及び施行令の一部を改正する政令」、3月15日以降マスクの転売行為禁止
3.18　厚労省、新型コロナウイルス感染症による小学校休業等対応助成金・支援金の申請受付を開始
3.19　厚労省、新型コロナウイルス感染症の影響を踏まえた生活福祉資金貸付制度における緊急小口資金等の特例貸付の拡大
3.26　首相、欧州21カ国などからの入国拒否を表明。政府、新型コロナ対応の特措法に基づく対策本部を設置
3.28　「新型コロナウイルス感染症対策本部」、新型コロナウイルス感染症対策の基本的対処方針を決定（2020年3月28日、4月7日、4月11日、4月17日、5月4日、5月14日、5月21日、5月25日、2021年1月7日、1月13日、2月2日、2月12日、2月26日、3月5日改正）
4.1　首相、49の国と地域・地域からの入国拒否を表明。首相、全世帯への布マスク配布を公表

</td>
</tr>
</table>

4.7〜5.25　東京都第1回緊急事態宣言	4.7　首相、7都府県に緊急事態宣言。政府、事業規模108兆円の緊急経済対策を閣議決定 4.9　政府と都、休業要請の対象などで合意。11日開始 4.16　首相、緊急事態宣言の対象区域を全国に拡大。13の特定警戒都道府県指定。 4.17　首相、現金給付額を一律10万円に変えると表明。 4.18　感染者1万人超。 4.22　専門家会議、「人との接触を8割減らす「10のポイント」公表 4.25　1都3県共同キャンペーン「いのちを守るSTAY HOME週間」（〜5.6） 4.30　総額25兆6914億円の補正予算が成立 5.1　死者、500人超える。1日の最多更新（5.2） 5.4　専門家会議、「新しい生活様式」の実践例公表。政府、緊急事態宣言の5月末までの延長を決定。「新型コロナウイルス感染症対策の基本的対処方針」改定。各関係団体等は、業種や施設の種別毎にガイドラインを作成するなど、自主的な感染予防のための取組を進めることとされた。 5.8　「新型コロナウイルス感染症についての相談・受診の目安」改定。37.5度以上の発熱が4日以上という具体的な基準削除
【第Ⅳ期A（規制緩和期①）】 （2020年7月31日）まで 　政府が39県の緊急事態宣言を解除（5月14日）して以降、全国での解除（5月25日）を経て、次第に感染者数が増加する中でイベント開催制限の緩和（7月10日）、Go toキャンペーンの開始（7月22日）など規制の緩和へと向かう状況である。	5.14　政府、39県の緊急事態宣言を解除 5.21　政府、近畿3県の緊急事態宣言を解除 5.22　都「新型コロナウイルス感染症を乗り越えるためのロードマップ〜『新しい日常』が定着した社会の構築に向けて〜」を発表 5.25　政府、緊急事態宣言を全国で解除 6.2　首相、「9月入学」の導入を事実上断念。都、「東京アラート」を発動。 6.11　都、「東京アラート」を解除 6.19　政府、都道府県境をまたぐ移動自粛を全面解除。政府、感染者接触確認アプリの提供を開始 　都、事業者向け「東京都感染拡大防止ガイドブック」の公開。休業要請の全面解除 7.3　政府、専門家会議を廃止、「新型コロナウイルス感染症対策分科会」発足 7.10　政府、イベント開催制限を緩和 7.14　第3回新型コロナウイルス感染症対策アドバイザリーボード開催、再出発（2021.3.3で第26回）

	7.22　国交省、Go To トラベル事業を開始。
	7.29　日弁連「新型コロナウイルス下で差別の ない社会を築くための会長声明」を公表 　　　国内の1日の感染者　1000人超　岩手で初確 認
第Ⅳ期B（規制緩和期②）2021 年1月6日まで 　8月1日以降、Go To トラベ ルのほか、Go To Eat、Go To 商店街などの経済策が打ち出さ れるなか、やがて1日当たり新 規感染者数の更新が続き、2回 目の緊急事態宣言が政府から出 されるまで。新型コロナウイル スをめぐる差別・偏見も、感染 拡大とともに広がった。	8.5　日本医師会「新型コロナウイルス感染症の 今後の感染拡大を見据えたPCR等検査体制の 更なる拡大・充実のための緊急提言」、保険適 用によるPCR等検査の取り扱いの明確化等
	8.17　4-6月期GDP年率マイナス27.8％、戦後 最大の下げ
	8.24　新型コロナウイルス感染症対策分科会、 イベント参加上限5000人制限、9月末まで継 続、の政府方針を了承
	8.25　文科省、「新型コロナウイルス感染症に関 する差別・偏見の防止に向けて」メッセージ 発表
	8.28　安倍首相「辞任表明」／政府が新たな「対 策パッケージ」（新型コロナウイルス感染症 に関する今後の取組）を公表
	8.29　国民生活安定緊急措置法施行令の一部を 改正する政令、マスク及びアルコール消毒製 品の転売規制を解除
	9.1　厚労省、新型コロナウイルス感染症に関す る外国語対応ホームページを開設
	9.16　菅義偉政権発足
	9.19　政府、イベントの開催制限を緩和。感染 防止対策と経済社会活動の両立のため、新た な日常の構築を図る
	10.1　農水省、Go To Eat キャンペーン開始。 トラベル事業に東京都を追加
	10.7　新型コロナ対応・民間臨時調査会、コロ ナ第1波への日本の対応を検証した報告書を まとめる
	10.14　大都市の歓楽街における感染拡大防止対 策ワーキンググループが開催
	10.16　日本学校保健会、文部科学省補助事業 「新型コロナウイルス　差別・偏見をなくそう プロジェクト」を立ち上げ
	10.23　政府分科会、年末年始「1月11日まで 休暇を」、帰省など分散で企業側に要請
	11.5　1週間にクラスターが100件超　前週の 1.6倍　9月以降最多
	11.7　北海道、警戒ステージ「3」に、ススキノ で営業時間短縮など要請

	11.10　政府分科会が緊急提言「急速な感染拡大の可能性も」
	11.18　国内の新規感染者数が2000人を突破
	11.20　政府分科会「Go To キャンペーン」運用の見直しなど政府に求める提言
	11.25　政府、感染拡大の対策を短期間に集中的に行う「勝負の3週間」呼びかけ
	11.27　衆議院厚生労働委員会、分科会尾身茂会長「個人の努力だけに頼るステージはもう過ぎたと認識している」
	12.1　新型コロナウイルスに係る厚労省電話相談窓口（コールセンター）の多言語化／コロナ感染拡大で、大阪の市立総合医療センター看護師不足でがん治療など一部の病棟閉鎖
	12.2　政府、感染リスクが高まる「5つの場面」年末年始特設サイト開設（感染の再拡大防止特設サイト）
	12.3　大阪府が「医療非常事態宣言」重症患者の急増で　不要不急の外出自粛も要請
	12.4　厚労省、官民が一丸となった対話型情報発信プロジェクト「#広がれありがとうの輪」開始
	12.8　防衛省が医療体制ひっ迫の北海道旭川市に看護師など10人派遣決める／イギリスで新型コロナウイルスのワクチン接種が始まる
	12.11　政府分科会、感染高止まりや拡大なら対象地域の「Go To キャンペーン除外継続」を提言
	12.12　病床ひっ迫　5都道府県が「ステージ4」に“医療の提供体制が機能不全のおそれ”、国内の新規感染者数が初めて3千人を突破
	12.14　首相、Go To トラベル事業の全国一斉停止を表明／首相、高級ステーキ店で8人で会食し批判される
	12.16　経産省、「Go To イベント」、「Go To 商店街」全国で一時停止（12.28から2021.1.11）
	12.17　都の専門家会議、都内の医療提供体制、4段階ある警戒レベルのうち最も高い警戒レベルに引き上げ
	12.18　米・ファイザー社、新型コロナワクチン日本で承認申請
	12.21　日本医師会等が「医療緊急事態」を宣言
	12.22　病床ひっ迫　7都道府県で「ステージ4」の指標超える
	12.23　政府分科会、「まずは飲食での感染対策

		が重要、家族内感染はその結果」の見解公表
2021		12.24 政府、日本人以外のイギリスからの入国停止
		12.25 コロナ変異ウイルス、空港に到着の5人感染、検疫で初確認／新型コロナウイルス感染症に関する南アフリカ共和国及びオーストラリアに対する新たな水際対策措置について決定
		12.28 Go Toトラベル全国一斉に一時停止／政府、28日から全世界からの外国人の新規入国を一時停止
		12.30 東京都専門家会議、「東京の医療 危機的状況に直面」
		12.31 新型コロナ 東京都で1337人 全国で4520人の感染確認 ともに過去最多
		1.2 1都3県が政府に「緊急事態宣言」発出検討を要請、西村康稔大臣「国として受け止めて検討していく」
		1.5 政府分科会が、1都3県への速やかな緊急事態宣言を提言
	第Ⅴ期（規制強化期②）2021年1月8日の緊急事態宣言から3月21日まで	1.7 東京、神奈川、埼玉、千葉に緊急事態宣言／東京都1日当たりの新規感染者2000人超え、3日間続く。緊急事態宣言受け 東京都「緊急事態措置」決定
	1.8〜3.21 東京都第2回緊急事態宣言	1.8 緊急事態宣言の区域拡大／東京都 コロナ検査陽性でも入院先など決まらない人が急増
	当初2月7日までを予定した2回目の緊急事態宣言であったが、結局3月21日まで延長されている。1回目と違い2回目は「限定的、集中的」で、午後8時以降の外出自粛、飲食店などに営業時間の短縮を要請するもの。その後、9府県の各市に「まん延防止等重点措置」（まん防）を適用したが十分な効果が見られなかったため、1都2府3県に三度目の緊急事態宣言を発令し、12県にまん防を拡大した。	1.12 WHO、「集団免疫」の状態を今年中に獲得することは難しいとコメント
		1.14 政府、11の国と地域で実施しているビジネス関係者らの往来を14日から停止／「自宅療養中に悪化し死亡」相次ぐ 東京、神奈川など4都県で7人／東京都新型コロナウイルス感染症モニタリング会議、「爆発的な感染拡大を疑う水準」と非常に強い危機感を示す
		1.18 首相、ワクチン接種担当に河野太郎行政改革相を任命
		1.22 新型コロナウイルス対策の特別措置法などの改正案を閣議決定。刑事罰に反対の声
		1.23 新型コロナウイルスの死者 全国で5000人超える
		1.27 世界の感染者が1億人超える
		2.2 緊急事態宣言、10都府県は来月7日まで延長。栃木県は解除。
		2.3 新型コロナウイルスの死者 全国で6000人超える。11日間で1000人の増／新型コロ

	ナウイルス対策の特別措置法改正案、成立。入院を拒否した感染者に対する刑事罰は削除。
	2.5　厚労省、変異株に対応するため、アイルランドやイスラエルなど3つの国と地域からの入国に対し水際対策を強化
	2.13　改正特措法施行、新型コロナウイルス感染症に関する偏見や差別を防止するための規定が設けられる
	2.14　厚労省、新型コロナワクチン　国内初の正式承認、米・ファイザー社製
	2.17　新型コロナワクチン先行接種始まる。医療従事者等約4万人対象
	2.19　東京都内、新たな感染確認が減少する一方、65歳以上の高齢者の割合が2か月連続で上昇
	2.24　首相、高齢者への予防接種を「4月12日から開始」と表明
	2.26　緊急事態宣言、首都圏1都3県以外を2月28日をもって解除／首相が残る首都圏4都県について3月7日の期限での解除に言及
	3.1　東京都、重症患者用の確保病床数を国の基準に基づく報告に変更
	3.2　小池百合子都知事が神奈川の黒岩祐治知事に、宣言の「2週間の延長」などを国へ要望することを提案。「千葉・埼玉の知事も賛成」などと説明
	3.3　変異ウイルス対策強化で新たに13の国や地域からの入国者に待機要求／黒岩氏が小池氏の説明が事実に反すると抗議。小池氏が都の調整のあり方を謝罪。首相、首都圏の宣言の2週間延長に言及
第Ⅵ期A（迷走期①）2021年3月21日の緊急事態宣言解除以降、7月22日（東京オリンピック開幕）まで	3.5　首都圏1都3県の緊急事態宣言　2週間延長（3.21まで）
	3.21　1都3県の緊急事態宣言を解除
	4.5　大阪、兵庫、宮城3府県の計6市に「まん延防止等重点措置」を適用（5.11まで）
	4.10　東京、大阪、兵庫、京都の4都道府県に「まん延防止等重点措置」を適用（5.11までの予定を5.31まで延長）
3月21日に全国で緊急事態宣言を解除したものの、ふたたび地方大都市部での感染者の急増を受けてまん延防止等重点措置と緊急事態宣言を繰り返す事態となる。東京オリンピック・パラリンピックを開催するため	

にワクチン接種を加速しようとするが、ワクチンの不足が明らかとなって接種が進まない状況のもとで、緊急事態宣言下の無観客での開催を強行する。	
4.12〜4.24　東京都「まん延防止等重点措置」	4.12　高齢者のワクチン接種開始／東京、京都、沖縄3都府県に「まん延防止等重点措置」を拡大
	4.20　神奈川、埼玉、千葉、愛知の4県に「まん延防止等重点措置」を適用（5.11までの予定を5.31まで延長）
4.25〜6.20　東京都第3回緊急事態宣言	4.23　東京、大阪、兵庫、京都の都府県に3回目の緊急事態宣言を発令（5.11までの予定を5.31まで延長）、愛媛県に「まん延防止等重点措置」を適用
	5.7　首相、ワクチン接種「1日100万回」の目標を打ち出す
	5.9　北海道、岐阜県、三重県に「まん延防止等重点措置」を適用（5.31まで）
	5.12　愛知県、福岡県に緊急事態宣言を発令（5.31まで）
	5.16　北海道、岡山県、広島県に緊急事態宣言を発令。群馬、石川、熊本の3県に「まん延防止等重点措置」を適用（6.13まで）
	5.23　沖縄県に緊急事態宣言を発令（6.20までの予定を7.11まで延長）
	6.1　9都道府県も20日まで緊急事態宣言を延長
	6.4　沖縄県立学校に臨時休業決定（6.7から6.20まで）
	6.7　職域接種の総合窓口となる専用サイトを首相官邸のホームページに開設。8日から受け付け開始
	6.9　首相、党首討論で全希望者へのワクチン接種を「10〜11月には終える」と表明
	6.13　全日本空輸が職域接種を前倒しでスタート。日本航空も14日から開始
	6.17　政府が東京など7都道府県の緊急事態宣言を「まん延防止等重点措置」に切り替えることを決定
	6.18　政府対策分科会の尾身会長が、東京五輪は無観客が望ましいとする提言を政府などに提出
	6.20　河野行政改革相、12〜15歳の子どもにつ

6.21〜7.11　東京都「まん延防止等重点措置」	いて、夏休み中の接種を呼びかけ 6.21　河野氏が、子どもの夏休み中の接種を呼びかけた発言を撤回／職域接種が各地の大企業や大学などで開始／東京などが重点措置に移行。政府や大会組織委員会、東京都など5者が東京五輪観客の「上限1万人」で合意 6.23　河野氏、職域接種の新規受け付けを25日午後5時から「一時休止する」と発表 6.24　宮内庁長官が、天皇陛下について「五輪開催が感染拡大につながらないか、ご懸念されていると拝察している」と発言 6.25　河野氏、受け付けを一時休止した職域接種の再開は当面困難と表明 7.2　東京都の小池知事が五輪観客のあり方に「無観客も軸」 7.4　東京都議選で自公が過半数に届かず 7.6　河野氏、米・モデルナ製のワクチンに関し、「6月末までに1370万回分の供給を受けた」と初めて供給量6割減を発表 7.8　政府が東京都に4回目の緊急事態宣言発出を決める。政府や大会組織委などが、東京五輪の1都3県での無観客を決定／西村経済再生相が、休業要請に応じない飲食店に「金融機関と情報共有」して順守を求めると表明 7.9　金融機関に働きかけを求めるとした政府方針撤回
7.12〜9.30　東京都第4回緊急事態宣言	7.12　沖縄県に加え、東京都で4回目となる緊急事態宣言の期間が始まる 7.13　酒類販売事業者に対し、休業要請に応じない飲食店との取引停止を求める政府方針を撤回 7.18　国際オリンピック委員会（IOC）のトーマス・バッハ会長らの歓迎会を東京都の迎賓館で開催
第Ⅵ期B（迷走期②）2021年7月23日の東京オリンピック開幕から9月30日まで 　感染者数の急増と自宅療養者の増加、「医療崩壊」の危機が迫る中で、菅内閣と与党の支持率は急落する。パラリンピック期間中に感染者数は減少を見せはじめるが、重傷者数が過去最多を更新し続けた。こうした状況	7.23　東京オリンピック競技大会が開幕 7.29　全国の新規感染者数が1万人を超える 7.30　宣言に首都圏3県と大阪府を追加し、5道府県に「まん延防止等重点措置」を適用することを決定。東京都と沖縄県の宣言期限は延長し、ともに8月31日まで 8.2　首都圏3県と大阪府への緊急事態宣言、5道府県への「まん延防止等重点措置」が始まる。東京都と沖縄県の緊急事態宣言は延長され、いずれも31日まで。感染急増地域での「入院制限」方針を決定

	の中で、菅首相は与党総裁としての再選を断念し、退陣が決まる。	8.6　コロナの国内感染者が累計100万人超に 8.8　まん延防止等重点措置の対象地域に8県追加。東京五輪が閉幕 8.9　朝日新聞の世論調査で、菅内閣支持率が最低の28％（調査は7、8日） 8.12　政府対策分科会が、東京都で人出を7月上旬ごろの5割まで減らす必要があるとする緊急提言案を公表 8.13　全国の新規感染者が初めて2万人超。東京は5773人で過去最多 8.20　7府県を緊急事態宣言に追加、東京や大阪など6都府県の期限を延長。まん延防止等重点措置は16道県に拡大。いずれも9月12日まで 8.24　東京パラリンピックが開幕 9.3　菅首相が自民党総裁選への不出馬を表明、首相退陣 9.6　東京パラリンピックが閉幕 9.9　政府、19都道府県の緊急事態宣言を9月30日まで延長（北海道・茨城・栃木・群馬・埼玉・千葉・東京・神奈川・岐阜・静岡・愛知・三重・滋賀・京都・大阪・兵庫・広島・福岡・沖縄）。まん延防止等重点措置を9月30日まで延長（宮城・岡山・福島・石川・香川・熊本・宮崎・鹿児島）の8県、解除は（富山・山梨・愛媛・高知・佐賀・長崎）の6県 9.28　政府、19都道府県への緊急事態宣言と8県へのまん延防止等重点措置を月末解除決定
2022	第Ⅶ期（オミクロン期）2022年10月1日の緊急事態宣言解除以降、現在まで	11.7　国内の死者ゼロは昨年8月2日以来（1年3カ月ぶり） 11.12　厚労省専門部会、ワクチン接種で10月24日までに重いアレルギー605件 11.30　オミクロン株を国内初確認、ナミビアからの成田到着の男性 1.7　政府は沖縄・山口・広島の3県にまん延防止等重点措置適用（1月9日〜1月31日） 1.17　各地で保育園や学校・介護施設や職場でのクラスター発生 1.18　感染拡大の大阪府や神奈川県など各地では学級閉鎖や休校の措置 1.20　学校での感染が相次ぐ
	1.21〜3.21　東京都まん延防止等重点措置	1.21　政府は13都県（東京・埼玉・千葉・神奈川・群馬・新潟・愛知・岐阜・三重・香川・長崎・熊本・長崎）に「まん延防止等重点措置」適用を追加（1月21日〜2月13日まで）

	1.31　自衛隊による3回目ワクチン大規模接種を東京都、大阪府で開始 2.3　政府「和歌山をまん延防止措置」適用（2月5日〜同月27日まで） 2.7　厚労省、保育園の臨時休園が全国で最多の777カ所 2.24　各地で子ども向けワクチン接種予約 3.4　政府「『まん延防止等重点措置』を18都道府県の延長（3月21日まで）と13県の解除を決定」 3.11　文科省「幼稚園児・児童生徒の月別感染者で2月は最多（20万5291人）」 3.17　3月16日の福島沖地震による大規模停電で新型コロナワクチンが廃棄処分／政府「『まん延防止等重点措置』を18都道府県すべて21日解除」 4.11　厚労省「オミクロン株変異 XE ウイスルを国内で初確認」 4.28　感染者からオミクロン株の新たな変異株の国内初確認 5.24　文科省、体育授業では屋外に限らずプールや体育館もマスク着用不要を通知 5.25　4回目のワクチン接種開始（60歳以上などを対象） 5.28　総務省調査、テレワーク導入企業、初の5割超え 5.31　21年全在外公館ビザ発給数、前年比92%減、水際対策が影響　外務省調査 6.4　留学生、4月以降8万人来日　文科省調査 6.10　外国人観光客、受け入れ手続きを再開（上限、1日2万人） 6.17　緊急支援7.4兆円を支給、残した課題。コロナ給付金、受け付け終了 6.30　29都府県、新規感染者数前週上回る。コロナ感染大都市圏中心に拡大、厚労省専門家会議 7.6　感染最多、全国4万人超え、5月18日以来 7.14　「全国旅行支援」の実施を当面見送りと発表。「県民割」は8月末まで、国交相 7.16　新規感染者、最多11万人を超える。14県で更新、第6波超す 7.20　感染者数最多、15万人超え、30府県で更新、進む医療逼迫／第7波、各地で終業式、またもオンラインや人数制限 7.21　沖縄、医療非常事態宣言（8月24日まで

資料1　新型コロナウイルス感染症（COVID-19）をめぐる動き（日本）　　197

県の緊急対策)／東京、感染最多3万超え。療養14万人「100人に1人」

7.22　濃厚接触者特定「しなくても可」　経済再生相、学校など。濃厚接触待機、最短3日　検査キット無料配布

7.27　搬送困難、過去2番目　コロナ疑いは最多　消防庁／自宅療養、最多110万人　厚労省調査

7.28　高齢者施設、クラスター急増　毎週100件台、職員も感染次々／全国154郵便局、窓口業務休止／病床使用、18府県で50%超　医療制限必要な水準　専門家組織「感染防ぐ行動を」

8.16　「アベノマスク」など30万枚、再資源化　政府答弁書／自宅療養155万人　4週連続で最多更新　新型コロナ

8.17　日本で流行のコロナ株、流出　20の国や地域へ　東大医科研など分析／時短命令に「違法」の判決確定

8.18　お盆の国内線、前年ほぼ倍増　高速道路は43%増／コロナ検査キット、ネット販売を解禁　厚労省専門家会議が了承

8.24　感染把握、転換　保健所逼迫地域、発生届は高齢者らに限定　首相「緊急避難措置」

8.30　全数把握簡略化、4県のみ　先行実施に自治体慎重

9.3　コロナ、共生とリスクと　全数把握の簡略化始まる　患者の急変、見えづらく

9.7　コロナ療養、最短5日に　全数把握、26日から一律簡略化

9.10　コロナ貸し付け、月末終了

9.14　接触確認COCOA停止　感染者全数把握の簡略化受け／ウクライナ侵攻・コロナ禍「飢餓3.4億人予想」　国連世界食糧計画の地域局長

9.22　10月11日から全国旅行割　水際大幅緩和も　首相表明

10.8　感染症法・旅館業法、改正案を閣議決定　医療体制確保など対策強化

10.21　全国のコロナ感染者、8週ぶり増加　海外では新たな変異株広がる　専門家会合

12.22　コロナ致死率、低下続く　専門家会合で報告／続く訪日客増、93万人　11月は前月比1.9倍　航空便、供給追いつかず

12.28　コロナ急拡大、各地で逼迫感　熊本、重

		症以外は受け入れできず
2023		12.29　コロナ休業支援、22 年度末で終了　手当支給や補助／コロナ死者増加、最多ペース　インフルは流行期入り
		1.7　正月明け、医療切迫　死者、最速ペースで 6 万人目前
		1.10　全国旅行支援再開　割引率 20%、国交相「感染対策しながら」
		1.18　第 8 波、感染減傾向　死者数なお最高水準　専門家組織
		1.27　コロナ 5 類移行、5 月 8 日　マスクは個人判断　政府方針
		1.28　22 年入国者、前年比 12 倍に　水際緩和で急増、420 万人　入管庁発表
		1.31　東京 23 区、再び転入超過に、コロナの行動制限緩和で
		2.11　マスク緩和、3 月 13 日　卒業式・新学期、着用求めず　飲食や交通機関は事業者判断可　政府対策本部
		2.15　検査キット無料配布終了　接種や病床確保は国次第　東京都、「5 類」移行で見直し
		2.22　コロナ無症状者、有症状者と似た動向　陽性率、100 万人の PCR 検査を分析　自治医科大・東京大など
		3.14　抗体保有、全国で 42%　新型コロナ　厚労省感染症部会
		3.28　コロナ死者数、把握方法変更（4 月 1 日以降）　厚労省
		4.15　療養「発症翌日から 5 日間」　厚労省が指針　コロナ 5 類移行後
		5.5　コロナ緊急事態終了　WHO 事務局長が宣言　「死亡率下がり、医療の負担緩和」
		5.8　新型コロナ「5 類」移行

出所：朝日新聞「コロナの時代　官邸、非常事態」（2020 年 7 月 12 日付～7 月 18 日付）、「漂流　菅政権　コロナの時代」（2021 年 8 月 19 日付～8 月 26 日付）、内閣官房新型コロナウイルス感染症対策ウェブサイト　https://corona.go.jp/、NHK 新型コロナウイルス特設サイト　https://www3.nhk.or.jp/news/special/coronavirus/、朝日新聞、東京都・東京都防災の各ウェブサイト等より岩松真紀・福永百合・朝岡幸彦作成。

資料2　緊急事態宣言およびまん延防止等重点措置に関する通知の一覧

年	緊急事態宣言	まん延防止等重点措置を発出
2020	4.7　7都府県（東京、神奈川、埼玉、千葉、大阪、兵庫、福岡）に新型コロナウイルス感染症緊急事態宣言を発出 4.16　全都道府県に区域を拡大 5.4　5.31まで期間延長 5.14　39県で緊急事態宣言を解除 5.21　3府県で緊急事態宣言を解除 5.25　緊急事態解除宣言	
2021	1.7　1都3県（東京、神奈川、埼玉、千葉）に新型コロナウイルス感染症緊急事態宣言を発出 1.13　7府県（栃木、岐阜、愛知、京都、大阪、兵庫、福岡）が追加 2.2　栃木県を除く10都府県で3.7まで期間延長 2.26　6府県（岐阜、愛知、京都、大阪、兵庫、福岡）で緊急事態宣言を2月末で解除 3.5　1都3県で3.21まで期間延長 3.18　3.21で緊急事態宣言を解除 4.23　4都府県（東京、大阪、兵庫、京都）に緊急事態宣言を発出 5.7　緊急事態宣言を5月末まで延長　愛知県、福岡県が追加 5.14　3道県（北海道、岡山、広島）が追加 5.17　沖縄を除く7都道府県で緊急事態宣言を解除 5.21　沖縄県に緊急事態宣言を発出 5.28　9都道府県で6.20まで期間延長	4.1　3府県（大阪、宮城、兵庫）にまん延防止等重点措置を発出 4.9　3都府県（東京、京都、沖縄）が追加 4.16　4県（埼玉、千葉、神奈川、愛知）が追加 4.23　愛媛県が追加 　4都府県（東京、京都、大阪、兵庫）は緊急事態宣言に移行 4.28　5県（埼玉、千葉、神奈川、岐阜、三重）は6.20まで延長 5.7　北海道、岐阜、三重が追加5.31まで期間延長 　愛知県は緊急事態宣言に移行 　宮城は緊急事態宣言を解除 5.14　3県（群馬、石川、熊本）が追加 　北海道は緊急事態宣言に移行 　愛媛はまん延防止等重点措置を解除 　沖縄は緊急事態宣言に移行 6.10　3県（群馬、石川、熊本）は解除 6.17　3県（埼玉、千葉、神奈川）は7.11まで期間延長 　東京都は緊急事態宣言へ移行 　5道県（北海道、愛知、京都、兵庫、福岡）は解除 6.20　岐阜県、三重県は解除 7.8　4府県（埼玉、千葉、神奈川、大阪）は8.22まで期間延長 　6都道府県（北海道、東京、愛知、京

年	緊急事態宣言	まん延防止等重点措置
	7.8　東京都が 7.12 から緊急事態宣言に追加、沖縄県は 8.22 まで期間延長 7.30　4府県（埼玉、千葉、神奈川、大阪）が追加　8.31 まで期間延長 8.17　7府県(茨城、栃木、群馬、静岡、京都、兵庫、福岡)が追加　9.12 まで期間延長 8.25　8道県（北海道、宮城、岐阜、愛知、三重、滋賀、岡山、広島）が追加 9.9　2県（宮城、岡山）は緊急事態宣言を解除 9.28　9.30 で緊急事態宣言を解除	都、兵庫、福岡）はまん延防止等重点措置を解除。 東京は 6.21 に緊急事態宣言から 7.11 よりまん延防止等重点措置に移行（6.17 に発出）。 7.30　5道府県（北海道、石川、京都、兵庫、福岡）は追加 　4府県（埼玉、千葉、神奈川、大阪）は緊急事態宣言に移行 8.5　8県（福島、茨城、栃木、群馬、静岡、愛知、滋賀、熊本）を追加 8.17　9.12 まで期間延長 　7府県（茨城、栃木、群馬、静岡、京都、兵庫、福岡）は緊急事態宣言へ移行 　10県（宮城、富山、山梨、岐阜、三重、岡山、広島、香川、愛媛、鹿児島）が追加 8.25　8道県（北海道、宮城、岐阜、愛知、三重、滋賀、岡山、広島）は緊急事態宣言へ移行 　4県（高知、佐賀、長崎、宮崎）が追加 9.9　9.30 まで期間延長 　2県（宮城、岡山）は緊急事態宣言から移行 　6県（富山、山梨、愛媛、高知、佐賀、長崎）は解除 9.28　9.30 でまん延防止等重点措置終了
2022	1.19　13都県（群馬、埼玉、千葉、東京、神奈川、新潟、岐阜、愛知、三重、香川、長崎、熊本、宮崎）が追加 1.25　3県（広島、山口、沖縄）は 2.20 まで期間延長、18 道府県が追加 2.3　和歌山県が追加 2.10　13都県（群馬、埼玉、千葉、東京、神奈川、新潟、岐阜、愛知、三重、香川、長崎、熊本、宮崎）が 3.6 まで期間延長、高知県が追加 2.18　17 道府県で期間延長 　5県（山形、島根、山口、大分、沖縄）が解除 3.4　18 都道府県で 3.21 まで期間延長 　13 県で解除	1.7　3県（広島、山口、沖縄）にまん延防止等重点措置を発出

出所：福永百合作成。

資料3　新型コロナウイルス感染症（COVID-19）をめぐる文科省の主な動き ＊通知等の対応

第Ｉ期（潜伏期）2020年2月24日まで

2020.1.24　新型コロナウイルスに関連した感染症対策に関する対応について（依頼）

1.28　新型コロナウイルス感染症の「指定感染症」への指定を受けた学校保健安全法上の対応について

1.30　新型コロナウイルスに感染した場合等の受験生への配慮について（依頼）

1.31　新型コロナウイルス感染症の最新情報について

2.3　高等学校入学者選抜における新型コロナウイルス感染症への対応について。新型コロナウイルスに関連した感染症対策に関する対応について（依頼）。新型コロナウイルスに係る訪日外国人旅行者向けコールセンター等の周知について（協力依頼）

2.6　中国から帰国した児童生徒等への対応に関する学齢簿の取扱いについて

2.7　新型コロナウイルスに感染した場合等の大学入学者選抜における受験生への配慮について（補足）

2.10　中国から帰国した児童生徒等への対応について（通知）

2.12　新型コロナウイルス感染症の最新情報について

2.18　児童生徒等に新型コロナウイルス感染症が発生した場合の対応について。学校における新型コロナウイルスに関連した感染症対策について

2.19　高等学校入学者選抜等における新型コロナウイルス感染症への対応について（第2報）

第Ⅱ期（拡大期）2020年3月12日まで

2020.2.25　新型コロナウイルス感染症対策の基本方針［新型コロナウイルス感染症対策本部決定］。学校の卒業式・入学式等の開催に関する考え方について

2.26　各種文化イベントの開催に関する考え方について。社会教育施設において行われるイベント・講座等の開催に関する考え方について

2.27　新型コロナウイルス感染症防止のための学校の臨時休業に関連しての保育所等の対応について

2.28　新型コロナウイルス感染症対策のための小学校、中学校、高等学校及び特別支援学校等における一斉臨時休業について（通知）［文科省事務次官］。新型コロナウイルス感染症対策のための小学校、中学校、高等学校及び特別支援学校等における臨時休業に伴う教育課程関係の参考情報について。新型コロナウイルス感染症防止のための学校の臨時休業に関連しての幼稚園の対応について。新型コロナウイルス感染症対策に関する地域学校協働活動の取扱について。新型コロナウイルス感染症の発生に伴う医療関係職種等の各学校、養成所及び養成施設等の対応について

3.2　新型コロナウイルス感染症対策のための臨時休業期間における学習支援コンテンツポータルサイトの開設について。新型コロナウイルス感染症防止のための小学校等の臨時休業に関連した放課後児童クラブ等の活用による子どもの居場所の確保について（依頼）。新型コロナウイルス感染拡大防止において出勤することが著しく困難であると認められる場合の休暇の取扱いについて（通知）。新型コロナウイルス感染症対策のための小学校、中学校、高等学校及び特別支援学校等における一斉臨時休業の要請に係る留意事項について（周知）。中国から帰国した児童生徒等への対応について［追加2報（韓国・大邱広域市及び慶尚北道清道郡の追加）］

3.4　新型コロナウイルス感染症対策のための小・中・高等学校等における臨時休

202

業の状況について（令和2年3月4日（水）8時点・暫定集計）。新型コロナウイルス感染症対策のための小学校、中学校、高等学校及び特別支援学校等における一斉臨時休業に関するQ&Aの送付について。新型コロナウイルス感染症対策のための小学校、中学校、高等学校及び特別支援学校等における一斉臨時休業中の児童生徒等の外出について

3.5　令和2年度より使用する教科書の供給業務について。一斉臨時休業中の子供たちへの各家庭での指導と見守りについて（協力のお願い）。新型コロナウイルス感染症に対する感染管理改訂2020年3月5日。「新型コロナウイルス感染拡大防止において出勤することが著しく困難であると認められる場合の休暇の取扱いについて」の適切な対応について（通知）。新型コロナウイルス感染症への対応を踏まえた業務体制の確保について（通知）

3.6　新型コロナウイルス感染症への対応を踏まえた私立学校における業務体制の確保について（事務連絡）。新型コロナウイルス感染症防止のための学校の臨時休業に関連しての重症心身障害児や医療的ケア児等の受入れについて

3.9　新型コロナウイルス感染症対策のための小学校、中学校、高等学校及び特別支援学校等における一斉臨時休業に関するQ&Aの送付について

3.10　臨時休業に伴う学校給食休止への対応について

3.11　新型コロナウイルス感染症対策のための小学校、中学校、高等学校及び特別支援学校等における一斉臨時休業に関するQ&Aの送付について。新型コロナウイルス感染症への対応を踏まえた学校法人の運営に関する取扱いについて（事務連絡）。新型コロナ感染症への対応に伴う免許状更新講習の中止により講習を受講できなかった者への対応について（事務連絡）。臨時休業に伴う学校給食休止により影響を受けている学校給食関係事業者に対する配慮について（依頼）

第Ⅲ期（規制強化期①）

2020年5月13日まで

2020.3.13　新型コロナウイルス感染症対策のための小学校、中学校、高等学校及び特別支援学校等における一斉臨時休業に関するQ&Aの送付について。新型コロナウイルス感染症への対応を踏まえた2020年度卒業・修了予定者等の就職・採用活動及び2019年度卒業・修了予定等の内定者への特段の配慮に関する要請について（周知）。新型コロナウイルス感染症対策に伴い発生する未利用食品の利用促進等について

3.17　新型コロナウイルス感染症対策に係る春季休業期間中の留意点について。新型コロナウイルス感染症対策のための小学校、中学校、高等学校及び特別支援学校等における一斉臨時休業及び春季休業期間に関するQ&Aの送付について。令和2年度全国学力・学習状況調査について（通知）。新型コロナウイルス感染症対策のための小学校等の臨時休業に関連した子供の居場所の確保等に関する各自治体の取組状況等について

3.18　臨時休業に伴う学校給食休止により影響を受けている学校給食の調理業務等受託者に対する配慮について（依頼）。新型コロナウイルス感染症対策に伴う学校教育における教科書の円滑な利用について

3.19　教科書を十分に活用した補充のための授業等の実施に向けた資料の作成等について。新型コロナウイルス感染症の状況を踏まえた学校保健安全法に基づく児童生徒等及び職員の健康診断の実施等に係る対応について。「学校の臨時休業の実施状況、取組事例等について（令和2年3月19日時点）」の送付について

3.21　社会教育施設において行われるイベント・講座等の開催に関する考え方について

3.24　新型コロナウイルス感染症に対応した学校再開ガイドライン。令和2年度における小学校、中学校、高等学校及び特別支援学校における教育活動の再開等に

ついて（通知）。令和2年度における専門
学校等の授業の開始等について（通知）。
令和2年度における大学等の授業の開始
等について（通知）

3.25　各学校等における教育活動の再開へ
向けたマスクの準備について。新型コロ
ナウイルス感染症対策のための小学校、
中学校、高等学校及び特別支援学校にお
ける外国語指導助手（ALT）等の勤務へ
の配慮について

3.26　学校給食従事者におけるマスクの着
用及び手指の消毒について。新型コロナ
ウイルス感染症に対応した小学校、中学
校、高等学校及び特別支援学校等におけ
る教育活動の再開等に関するQ&A（令
和2年3月26日時点）

3.31　新型コロナウイルス感染症への対応
を踏まえた私立学校における業務体制の
確保について（第2報）

4.1　「II．新型コロナウイルス感染症に対
応した臨時休業の実施に関するガイドラ
イン」の改訂について（通知）。新型コロ
ナウイルス感染症対策に係るJETプログ
ラム参加者への配慮について

4.3　新型コロナウイルス感染症に対応した
小学校、中学校、高等学校及び特別支援
学校等における教育活動の再開等に関す
るQ&A（令和2年4月3日時点）

4.6　新型コロナウイルス感染症に対応した
小学校、中学校、高等学校及び特別支援
学校等における教育活動の再開等に関す
るQ&A（令和2年4月6日時点）。新型
コロナウイルス感染症対策に関する学校
の新学期開始状況等について

4.10　学校への布製マスクの配布について。
新型コロナウイルス感染症対策に関する
学校の新学期開始状況等について。新型
コロナウイルス感染症対策に関する専門
学校における学事日程等の検討状況につ
いて。新型コロナウイルス感染症対策に
関する大学等の対応状況について

4.13　新型コロナウイルス感染症のまん延
防止のための出勤者の削減について（通
知）

4.14　令和2年度使用教科書の給与につい

て（依頼）

4.15　新型コロナウイルス感染症に対応し
た小学校、中学校、高等学校及び特別支
援学校等における教育活動の再開等に関
するQ&Aの送付について

4.17　令和2年度全国学力・学習状況調査
について（通知）。専門学校等における新
型コロナウイルス感染症の拡大防止措置
の実施に際して留意いただきたい事項等
について（周知）。4月以降の臨時休業等
に伴う学校給食休止により影響を受ける
学校給食関係事業者に対する配慮につい
て（依頼）。大学等における新型コロナ
ウイルス感染症の拡大防止措置の実施に
際して留意いただきたい事項等について
（周知）。新型コロナウイルス感染症に対
応した小学校、中学校、高等学校及び特
別支援学校等における教育活動の再開等
に関するQ&Aの送付について。「II．新
型コロナウイルス感染症に対応した臨時
休業の実施に関するガイドライン」の変
更について（通知）。令和2年度全国学
力・学習状況調査について（通知）。令和
2年度における大学・専門学校等の教職
課程等の実施に関するQ&Aの送付につ
いて

4.19　4月16日の緊急事態宣言を受けて学
校の臨時休業を決定した道府県（令和2
年4月19日時点）

4.20　学校へ配布する布製マスクへの不良
品混入事例について

4.21　新型コロナウイルス感染症対策のた
めに小学校、中学校、高等学校等におい
て臨時休業を行う場合の学習の保障等に
ついて（通知）。学事日程等の取扱い及び
遠隔授業の活用に係るQ&Aの送付につ
いて。専修学校等に係る学事日程等の取
扱い及び遠隔授業の活用に係るQ&A等
の送付について。新型コロナウイルス感
染症対策にかかる学校をサポートする人
材確保における退職教員の活用について
（依頼）

4.22　新型コロナウイルス感染症の拡大防
止と運動・スポーツの実施について。特
別定額給付金（仮称）事業等に関する学

生等への周知について（依頼）

4.23　新型コロナウイルスによる緊急事態宣言を受けた家庭での学習や校務継続のためのICTの積極的活用について。「新型コロナウイルス感染症対策の状況分析・提言」について。新型コロナウイルス感染症に対応した小学校、中学校、高等学校及び特別支援学校等における教育活動の再開等に関するQ&Aの送付について。休館中の図書館、学校休業中の学校図書館における取組事例について。新型コロナウイルス感染症対策のために幼稚園において臨時休業を行う場合の留意事項及び幼児や職員が新型コロナウイルス感染症に罹患した場合の関係者への情報提供について

4.27　新型コロナウイルス感染症の拡大を踏まえた高等教育の修学支援新制度の運用等について（周知）

4.28　新型コロナウイルス感染症への対応に関する免許法認定講習の実施方法の特例について（通知）。新型コロナウイルス感染症への対応に関する免許法認定講習の実施方法の特例について（通知）

4.30　指定行事の中止等により生じた入場料金等払戻請求権を放棄した場合の寄附金控除又は所得税額の特別控除について。文部科学省が担当する機関要件の確認について。新型コロナウイルス感染症に係る影響を受けた学生等に対する経済的支援等について（依頼）。新型コロナウイルス感染症対策に伴う学校卒業者に係る乗船実習の取扱いについて（周知）。新型コロナウイルス感染症の予防に関わる指導資料

5.1　「新型コロナウイルス感染症対策の現状を踏まえた学校教育活動に関する提言」。新型コロナウイルス感染症対策としての学校の臨時休業に係る学校運営上の工夫について（通知）。遠隔授業等の実施に係る留意点及び実習等の授業の弾力的な取扱い等について。専修学校等における遠隔授業等の実施に係る留意点及び実習等の授業の弾力的な取扱い等について（周知）。令和2年度における教育実習の

実施期間の弾力化について（通知）。新型コロナウイルス感染症対応地方創生臨時交付金による学校給食関係事業者への対応について（周知）

5.4　5月4日に決定された「新型インフルエンザ等緊急事態宣言」の延長等について。

5.7　「妊娠中及び出産後の女性労働者が保健指導又は健康診査に基づく指導事項を守ることができるようにするために事業主が講ずべき措置に関する指針」の一部改正について（通知）。新型コロナウイルス感染症緊急経済対策を踏まえた業務体制の確保について。新型コロナウイルス感染症対策に伴う児童生徒の学びの保障のためのICTを活用した著作物の円滑な利用のための対応について。新型コロナウイルス感染症対策に伴う学校教育における教科書の円滑な利用のための継続的な対応について。新型コロナウイルス感染症に対応した臨時休業中における障害のある児童生徒の家庭学習支援に関する留意事項について

5.8　新型コロナウイルス感染症対策に伴う学校教育のための教材や学習動画の作成・活用に当たっての留意事項について

5.11　獣医師国家試験の受験資格に係る取扱い等について。令和2年度における教職大学院の実習の実施方法の弾力化及び留意事項について（通知）

5.12　新型コロナウイルス感染症対策に伴う令和3年度使用教科書の採択事務処理の運用等について

5.13　臨時休業等に伴い学校に登校できない児童生徒の食に関する指導等について。中学校等の臨時休業の実施等を踏まえた令和3年度高等学校入学者選抜等における配慮事項について（通知）。臨時休業期間における外国人児童生徒等に対する学習指導・支援の留意事項等について。新型コロナウイルス感染症に対応した小学校、中学校、高等学校及び特別支援学校等における教育活動の再開等に関するQ&Aの送付について

第Ⅳ期 A（規制緩和期①）

2020 年 7 月 31 日まで

2020.5.14 「公民館における新型コロナウイルス感染拡大予防ガイドライン」及び「図書館における新型コロナウイルス感染拡大予防ガイドライン」について。高等学校等の臨時休業の実施等に配慮した令和 3 年度大学入学者選抜における総合型選抜及び学校推薦型選抜の実施について（通知）。高等学校等の臨時休業の実施等に配慮した令和 3 年度専門学校入学者選抜について（通知）

5.15 学校教育活動再開時における登下校時の安全確保について。新型コロナウイルス感染症の状況を踏まえた専門学校等における教育活動の実施に際しての留意事項等について（周知）。新型コロナウイルス感染症の状況を踏まえた大学等における教育研究活動の実施に際しての留意事項等について（周知）。5 月 14 日に決定された「新型インフルエンザ等緊急事態宣言」における緊急事態措置を実施すべき区域の変更について。新型コロナウイルスによる緊急事態宣言を受けた家庭での学習や校務継続のための ICT の積極的活用について。新型コロナウイルス感染症の影響を踏まえた学校教育活動等の実施における「学びの保障」の方向性等について（通知）

5.18 緊急事態措置を実施すべき区域の指定の解除に伴う地域学校協働活動の取扱及び地域学校協働活動の取組の工夫に関する考え方について。新型コロナウイルスの感染症対策のための臨時休業等に伴い学校に登校できなかった生徒に対する高等学校通信制課程の学習指導について。令和 2 年度における大学・専門学校等の教職課程等の実施に関する Q&A の送付について（5 月 18 日時点）。新型コロナウイルス感染症対策に伴う学校卒業者に係る乗船実習の取扱いについて（正式通知）（周知）。新型コロナウイルス感染症対策に伴う学校卒業者に係る 3 級海技士試験の取扱いについて（周知）。「子どもの見守り強化アクションプラン」の実施

にあたっての協力依頼について（通知）

5.19 学生支援緊急給付金給付事業（「学びの継続」のための『学生支援緊急給付金』）について（依頼）。職場における新型コロナウイルス感染症への感染予防、健康管理の強化について

5.21 学校の体育の授業におけるマスク着用の必要性について。新型コロナウイルス感染症に対応した小学校、中学校、高等学校及び特別支援学校等における教育活動の実施等に関する Q&A の送付について

5.22 5 月 21 日に決定された「新型インフルエンザ等緊急事態宣言」における緊急事態措置を実施すべき区域の変更について。学事日程等の取扱い及び遠隔授業の活用に係る Q&A 等の送付について（5 月 22 日時点）。「安全に運動・スポーツをするポイントは？」の改正について。学校における新型コロナウイルス感染症に関する衛生管理マニュアル〜「学校の新しい生活様式」〜（2020.5.22 Ver.1）について。今年度における学校の水泳授業の取扱いについて

5.25 専修学校等に係る学事日程等の取扱い及び遠隔授業の活用に係る Q&A 等の送付について

5.26 5 月 25 日に決定された「新型インフルエンザ等緊急事態解除宣言」等について。5 月 25 日に決定された「新型インフルエンザ等緊急事態解除宣言」及び解除後の催物等に関する対応等について

5.27 「学校・子供応援サポーター人材バンク」の周知について（依頼）。新型コロナウイルス感染症に対応した小学校、中学校、高等学校及び特別支援学校等における教育活動の再開後の児童生徒に対する生徒指導上の留意事項について（通知）

5.28 教職課程を履修する学生への「学校・子供応援サポーター人材バンク」の再度の周知等について（依頼）。熱中症事故の防止について（依頼）

5.29 新型コロナウイルス感染症に係る影響を受けた学生等への経済的支援等に関する「学生の"学びの支援"緊急パッケ

ージ」の公表及び相談対応等における留意点について（依頼）

6.1　新型コロナウイルス感染症の発生に伴う医療関係職種等の各学校、養成所及び養成施設等の対応について。新型コロナウイルス感染症への対応を踏まえた2020年度卒業予定者等の就職・採用活動への配慮について（要請）。新型コロナウイルス感染症の影響を踏まえた職業に関する教科の実習等に関するQ&Aについて。「新しい生活様式」を踏まえた御家庭での取組について（協力のお願い）

6.4　「旅行関連業における新型コロナウイルス対応ガイドラインに基づく国内修学旅行の手引き（第1版）」について

6.5　新型コロナウイルス感染症に対応した持続的な学校運営のためのガイドライン及び新型コロナウイルス感染症対策に伴う児童生徒の「学びの保障」総合対策パッケージについて（通知）。専門学校等における新型コロナウイルス感染症への対応ガイドラインについて（周知）［文科省総合局長］。大学等における新型コロナウイルス感染症への対応ガイドラインについて（周知）。学校の授業における学習活動の重点化に係る留意事項等について（通知）。ウイルス感染症の影響を踏まえた教員免許更新制に係る手続等の留意事項について（通知）

6.8　学校等欠席者・感染症情報システムの加入について（依頼）

6.9　新型コロナウイルス感染症への対応に伴い土曜授業等を実施する場合における週休日の振替等の適切な実施及び工夫例等について（通知）

6.11　令和3年3月新規高等学校卒業者の就職に係る推薦及び選考開始期日等の変更について（通知）

6.16　「学校における新型コロナウイルス感染症に関する衛生管理マニュアル～「学校の新しい生活様式」～」の改訂について

6.17　新型コロナウイルス感染症への対応を踏まえた学校法人の登記に関する取扱いについて

6.19　令和3年度大学入学者選抜実施要項

について（通知）［文科省高等局長］。特別支援学校等における新型コロナウイルス感染症対策に関する考え方と取組について（通知）

6.22　令和3年度専門学校入学者選抜について（通知）。令和3年度高等学校入学者選抜等の実施に当たっての留意事項について（通知）

6.23　新型コロナウイルス感染症の発生に伴う看護師等養成所における臨地実習の取扱い等について（周知）

6.24　新型コロナウイルス感染症の拡大を踏まえた高等教育の修学支援新制度の運用等について（周知）

6.26　新型コロナウイルス感染症への対応に伴う教職員のメンタルヘルス対策等について（通知）。修学旅行の相談窓口の設置及びGoToトラベル事業の活用について。新型コロナウイルス感染症に係る影響を受けた学生等への経済的支援等における留意点について（依頼）

7.8　令和2年度JETプログラム事業における新規招致について（通知）

7.10　小学校、中学校、高等学校及び特別支援学校における外国語指導助手（ALT）等を活用した学習の確保について

7.13　新型コロナウイルス感染症の発生又はまん延に伴う更新講習修了期間の特例に関する省令の施行について（通知）

7.17　学校の授業における学習活動の重点化に係る留意事項等について（第2報）（通知）。新型コロナウイルス感染症の影響を踏まえた職業に関する教科の実習等に関するQ&Aについて（一部更新）

7.27　本年度後期や次年度の各授業科目の実施方法に係る留意点について

7.28　現在の感染状況を踏まえた修学旅行等への配慮及びGoToトラベル事業の活用について。飲食店等におけるクラスター発生の防止に向けた取組の徹底について（依頼）。専修学校等における本年度及び次年度の各授業科目の実施方法に係る留意点について。飲食店等におけるクラスター発生の防止に向けた専門学校等における取組の徹底について（依頼）

7.31　新型コロナウイルス感染症対応休業
支援金・給付金に関する学生等への周知
について（依頼）

第Ⅳ期 B（規制緩和期②）
2021年1月6日まで

2020.8.6　小学校、中学校及び高等学校等
にかかる感染事例等を踏まえて今後求め
られる対策等について（通知）。「学校に
おける新型コロナウイルス感染症に関す
る衛生管理マニュアル～「学校の新しい
生活様式」～」の改訂について

8.11　教育職員免許法施行規則等の一部を
改正する省令の施行について（通知）。小
学校及び中学校の教諭の普通免許状授与
に係る教育職員免許法の特例等に関する
法律施行規則の一部を改正する省令等の
施行について（通知）

8.13　令和2年度から令和4年度までの間
における小学校学習指導要領、中学校学
習指導要領及び高等学校学習指導要領の
特例を定める告示並びに特別支援学校小
学部・中学部学習指導要領及び特別支援
学校高等部学習指導要領の特例を定める
告示について（通知）

8.25　9月1日以降における催物の開催制
限等について

8.28　令和2年度における大学・専門学校
等の教職課程等の実施に関するQ&Aの
送付について

8.31　新型コロナウイルス感染症の影響を
踏まえた職業に関する教科の実習等に関
するQ&Aについて（一部更新）

9.3　新型コロナウイルス感染症に関する衛
生管理マニュアル～「学校の新しい生活
様式」～（2020.9.3 Ver.4）。「学校におけ
る新型コロナウイルス感染症に関する衛
生管理マニュアル～「学校の新しい生活
様式」～」の改訂について

9.9　令和3年度大学入学者選抜におけるオ
ンラインによる選抜実施について（依頼）

9.14　11月末までの催物の開催制限等につ
いて

9.15　専門学校等における本年度後期等の
授業の実施と新型コロナウイルス感染症

の感染防止対策について（周知）。大学等
における本年度後期等の授業の実施と新
型コロナウイルス感染症の感染防止対策
について（周知）

9.25　修学旅行等における GoTo トラベル
事業の活用等について

10.2　修学旅行等の実施に向けた最大限の
配慮について

10.5　外国人留学生の入国に関する対応に
ついて（依頼）。外国人留学生の入国に関
する対応について（依頼）

10.7　今年度の体育における学習活動の取
扱いについて。感染拡大の防止と研究活
動の両立に向けたガイドライン（改訂）

10.14　修学旅行等の学校行事におけるバス
の利用について。令和3年3月新規高等
学校等卒業者の就職・採用活動において
資格・検定試験を活用する場合の配慮に
ついて（依頼）

10.30　令和3年度専門学校入学者選抜等に
おける無症状の濃厚接触者の取扱いにつ
いて。令和3年度高等学校入学者選抜等
における無症状の濃厚接触者の取扱いに
ついて

11.6　新型コロナウイルス感染症対応休業
支援金・給付金に関する学生等への周知
について（依頼）

11.19　大学等における新型コロナウイルス
感染症対策の徹底について（周知）

12.1　新型コロナウイルス感染症対応休業
支援金・給付金に関する学生等への周知
について（依頼）

12.3　「学校における新型コロナウイルス感
染症に関する衛生管理マニュアル～「学
校の新しい生活様式」～」の改訂について。
学校における新型コロナウイルス感染症
に関する衛生管理マニュアル～「学校の
新しい生活様式」～（2020.12.3 Ver.5）。

12.10　小学校、中学校、高等学校及び特別
支援学校において合唱等を行う場面での
新型コロナウイルス感染症対策の徹底に
ついて（通知）

12.18　新型コロナウイルス感染症に係る影
響を受けた学生等に対する追加を含む経
済的な支援及び学びの継続への取組に関

する留意点について（依頼）

12.23　大学等における新型コロナウイルス感染症対策の徹底と学生の学修機会の確保について（周知）

2021.1.5　小学校、中学校及び高等学校等における新型コロナウイルス感染症対策の徹底について（通知）。専門学校等における新型コロナウイルス感染症対策の徹底と生徒の学修機会の確保について（周知）

第Ⅴ期（規制強化期②）
2021 年 3 月 21 日まで

2021.1.7　社会教育施設における新型コロナウイルス感染症対策の徹底について

1.8　新型インフルエンザ等対策特別措置法に基づく緊急事態宣言を踏まえた小学校、中学校及び高等学校等における新型コロナウイルス感染症への対応に関する留意事項について（通知）。新型インフルエンザ等対策特別措置法に基づく緊急事態宣言を踏まえた大学等における新型コロナウイルス感染症への対応に関する留意事項について（周知）。令和 3 年度専門学校入学者選抜における新型コロナウイルス感染症対策の徹底について（通知）。新型インフルエンザ等対策特別措置法に基づく緊急事態宣言を踏まえた専門学校等における新型コロナウイルス感染症への対応に関する留意事項について（周知）。緊急事態宣言下における安全な運動・スポーツの実施について。新型コロナウイルス感染症のまん延防止のための取組について（通知）。緊急事態宣言の発出による地域学校協働活動の実施に関する留意点について。新型コロナウイルス感染症のまん延防止のための取組について（周知）

1.14　新型インフルエンザ等対策特別措置法に基づく緊急事態宣言の対象区域拡大を踏まえた、小学校、中学校及び高等学校等における新型コロナウイルス感染症対策の徹底について（通知）。新型インフルエンザ等対策特別措置法に基づく緊急事態宣言の対象区域拡大を踏まえた大学等における新型コロナウイルス感染症

への対応に関する留意事項について（周知）。新型コロナウイルス感染症のまん延防止のための取組について（周知）。新型インフルエンザ等対策特別措置法に基づく緊急事態宣言を踏まえた高等学校通信制課程の学習指導における新型コロナウイルス感染症への対応に関する留意事項について（通知）。新型インフルエンザ等対策特別措置法に基づく緊急事態宣言の対象区域拡大を踏まえた専門学校等における新型コロナウイルス感染症対策の徹底について（周知）

1.29　大学等における新型コロナウイルス感染症の感染拡大を防止するための取組の徹底について（周知）。専門学校等における新型コロナウイルス感染症の感染拡大を防止するための取組の徹底について（周知）

2.1　新型コロナウイルスのワクチン接種会場に教育委員会等の所管する施設等を活用することについて（通知）

2.5　新型インフルエンザ等対策特別措置法に基づく緊急事態宣言に伴う留意事項等について（周知）。年度末に向けて行われる行事等の留意事項等について

2.15　新型コロナウイルス感染症対策の基本的対処方針の変更について（周知）

2.19　新型コロナウイルス感染症に対応した持続的な学校運営のためのガイドラインの改訂について（通知）。新型コロナウイルス感染症への対応を踏まえた 2021年度卒業・修了予定者等の就職・採用活動に関する要請について（周知）。感染症や災害等の非常時にやむを得ず学校に登校できない児童生徒に対する学習指導について（通知）

3.1　学校保健安全法に基づく児童生徒等の健康診断の実施等に係る対応について

3.2　東日本大震災の経験に基づいた新型コロナウイルス感染症への対応

3.4　令和 3 年度の専門学校等における授業の実施と新型コロナウイルス感染症への対策等に係る留意事項について（周知）。令和 3 年度の大学等における授業の実施と新型コロナウイルス感染症への対策等

に係る留意事項について（周知）
3.5　経済的に困難な学生等に対するきめ細かな支援について（依頼）
3.8　各大学等における経済的に困難な学生を支援するための学校独自の支援事例1（食料品・日用品の支援）
3.19　新型コロナウイルス感染症対応ガイドラインの更新について

第Ⅵ期A（迷走期①）2021年7月22日まで
2021.3.22　B3リーグ新型コロナウイルス感染症対策ガイドライン第3版の公開について。新型コロナウイルス感染症の影響を踏まえた進路未決定卒業予定者等への切れ目ない支援の実施について（依頼）。大学と自治体が連携して地域における検査体制の整備等に取り組む事例。Jリーグ新型コロナウイルス感染症対応ガイドライン
3.24　この春卒業を迎えた皆さんへ。Q&A（学校設置者・学校関係者の皆様へ）改訂
3.26　経済的な理由により修学困難な学生等に対する支援策の周知等について（通知）
3.31　経済的に困難な学生等が活用可能な支援策（令和3年4月～）※学生向け
4.1　令和3年度における修学旅行等の実施に向けた配慮について
4.2　新型コロナウイルス感染症対策の基本的対処方針の変更等について（周知）。大学等における遠隔授業の取扱いについて（周知）
4.9　学校の水泳授業における感染症対策について
4.12　Q&A（学校設置者・学校関係者の皆様へ）改訂。新型コロナウイルス感染症対策の基本的対処方針の変更等について（周知）
4.15　専門学校における新型コロナウイルス感染症の影響等を踏まえた就職活動の支援について（周知）。地域女性活躍推進交付金（つながりサポート型）の活用促進について（周知）
4.20　新型コロナウイルス感染症対策の基本的対処方針の変更及び専門学校等における感染対策の徹底等について（周知）。

新型コロナウイルス感染症対策の基本的対処方針の変更及び大学等における感染対策の徹底等について（周知）
4.23　新型インフルエンザ等対策特別措置法に基づく緊急事態宣言を踏まえた小学校、中学校及び高等学校等における新型コロナウイルス感染症への対応に関する留意事項について。新型コロナウイルス感染症対策の基本的対処方針の変更等について（周知）
4.24　4月23日に決定された緊急事態宣言等について
4.26　基本的対処方針に基づく催物の開催制限、施設の使用制限等に係る留意事項等について（周知）
4.28　「学校における新型コロナウイルス感染症に関する衛生管理マニュアル～「学校の新しい生活様式」～」（2021.4.28 Ver.6）の改訂について
5.7　新型インフルエンザ等対策特別措置法に基づく緊急事態宣言等を踏まえた小学校、中学校及び高等学校等における新型コロナウイルス感染症への対応に関する留意事項について。新型コロナウイルス感染症対策の基本的対処方針の変更及び専門学校等における同感染症への対応に関する留意事項等について（周知）。新型コロナウイルス感染症対策の基本的対処方針の変更及び大学等における同感染症への対応に関する留意事項等について（周知）
5.8　5月7日に決定された緊急事態宣言を実施すべき期間の延長・区域の追加等について。
5.14　学事日程等の取扱い及び遠隔授業の活用に係るQ&A等の送付について（令和3年5月14日時点）。新型インフルエンザ等対策特別措置法に基づく緊急事態宣言等を踏まえた小学校、中学校及び高等学校等における新型コロナウイルス感染症への対応に関する留意事項について。新型コロナウイルス感染症に係る影響を受けた学生等に対する追加の経済的な支援について（依頼）。新型コロナウイルス感染症の発生に伴う医療関係職種等の

各学校、養成所及び養成施設等の対応について。新型コロナウイルス感染症対策の基本的対処方針の変更等について（周知）。新型コロナウイルス感染症対策の基本的対処方針の変更等について（周知）

5.15　5月14日に決定された緊急事態宣言を実施すべき区域の追加等について。

5.18　「令和3年度における教職大学院の実習の実施方法の弾力化及び留意事項について」の送付について。新型コロナウイルス感染症のワクチン接種に対して各大学の施設等の活用に向けた状況等について（調査）。新型コロナウイルス感染症等により登校できない児童生徒等の出席等の取扱いについて（周知）。令和3年度における教職大学院の実習の実施方法の弾力化及び留意事項について（通知）

5.21　新型インフルエンザ等対策特別措置法に基づく緊急事態宣言等を踏まえた小学校、中学校及び高等学校等における新型コロナウイルス感染症への対応に関する留意事項について。新型コロナウイルス感染症対策の基本的対処方針の変更等について（周知）。

5.22　5月21日に決定された緊急事態宣言を実施すべき区域の追加等について。

5.25　経済的に困難な学生等が活用可能な支援策（令和3年5月～）※学生等向け。新型コロナウイルスの影響を受けた学生への支援状況等に関する調査。新型コロナウイルス感染症に係る影響を受けた学生等の学生生活に関する調査等の結果について

5.26　新型コロナウイルス感染症関連人権啓発キャンペーンについて（依頼）

5.27　日本女子サッカーリーグ新型コロナウイルス感染症対応ガイドライン

5.28　5月28日に決定された緊急事態措置を実施すべき期間の延長等について。新型インフルエンザ等対策特別措置法に基づく緊急事態宣言等を踏まえた小学校、中学校及び高等学校等における新型コロナウイルス感染症への対応に関する留意事項について。新型コロナウイルス感染症対応ガイドラインの更新について。新

型コロナウイルス感染症対策の基本的対処方針の変更等について（周知）。

6.2　Q&A（学校設置者・学校関係者の皆様へ）改訂

6.3　新型コロナウイルス感染症のワクチン接種に関する職域接種の要望確認について（調査）

6.4　新型コロナウイルス感染症の影響等を踏まえた令和4年度以降の高等学校入学者選抜等における配慮等について（通知）。大学拠点接種（新型コロナウイルス感染症に関連した大学等におけるワクチン接種）について。令和4年度専門学校入学者選抜について（通知）

6.7　令和4年度専門学校入学者選抜について（2）（令和3年6月4日）

6.8　教職員や学生等を中心に大学等が主体となって実施する新型コロナワクチンの職域接種の申請手順等について（周知）

6.9　専修学校等に係る学事日程等の取扱い及び遠隔授業の活用に係るQ&A等の送付について（令和3年6月9日時点）。専修学校における遠隔授業の取扱いについて（周知）

6.10　【改定】「民間検定試験等の実施における新型コロナウイルス感染症対策ガイドライン」特活全国検定振興機構（全検）

6.11　新型インフルエンザ等対策特別措置法に基づく緊急事態宣言等を踏まえた小学校、中学校及び高等学校等における新型コロナウイルス感染症への対応に関する留意事項について。新型コロナウイルス感染症対策の基本的対処方針の変更等について（周知）

6.15　海外留学を予定する学生等への新型コロナワクチン接種について（依頼）。日本人学生の海外留学について（周知）

6.17　新型コロナウイルス感染症の感染拡大地域において陽性者が生じた場合の濃厚接触者の特定への協力について（周知）。プロボウリングトーナメント（JPBA競技会）における新型コロナウイルス感染症対策ガイドライン

6.18　6月17日に決定された緊急事態宣言の期間延長及び区域変更等について。6

月21日からの「大学拠点接種」の開始目途が立っている大学の接種対象拡大について（例）。新型コロナウイルス感染症対策の基本的対処方針の変更等について（周知）。新型インフルエンザ等対策特別措置法に基づく緊急事態宣言等を踏まえた小学校、中学校及び高等学校等における新型コロナウイルス感染症への対応に関する留意事項について

6.22　新型コロナウイルス感染症に係る予防接種を生徒に対して集団で実施することについての考え方及び留意点等について。「大学拠点接種」に関する文部科学大臣メッセージ。大学拠点接種（新型コロナウイルス感染症に関連した大学等におけるワクチン接種）について

6.24　6月21日週に「大学拠点接種」を開始する大学の状況について

6.25　専修学校における新型コロナワクチンの職域接種の実施にあたっての留意点等について（周知）。「大学拠点接種」実施にあたっての留意点等について（周知）

6.28　6月28日週に「大学拠点接種」を開始する大学の状況について

6.30　日本人学生の海外留学に当たっての新型コロナワクチン接種について（周知）

7.2　令和3年度前期の大学等における授業の実施方針等について。新型コロナワクチンの間違い等の事案発生時の対応について（周知）。接種会場一覧（令和3年7月2日16:00現在）

7.5　ワクチン接種が留学先から求められている今秋留学予定の18歳以上の高校生の皆さんへ。接種会場一覧（令和3年7月5日16:00現在）

7.6　接種会場一覧（令和3年7月6日16:00現在）

7.8　新型コロナ予防接種の間違いの防止等について（周知）。接種会場一覧（令和3年7月8日16:00現在）

7.9　7月8日に決定された緊急事態宣言の区域変更及び期間延長等について。7月12日週に「大学拠点接種」を開始する大学の状況について（7月8日（木）12:00時点）。接種会場一覧（令和3年7月9日

16:00現在）。新型コロナウイルス感染症対策の基本的対処方針の変更等について（周知）。新型インフルエンザ等対策特別措置法に基づく緊急事態宣言等を踏まえた小学校、中学校及び高等学校等における新型コロナウイルス感染症への対応に関する留意事項について。小学校、中学校及び高等学校等における夏季休業に向けた新型コロナウイルス感染症対策の徹底について。新型コロナウイルス感染症対策の基本的対処方針の変更等について（周知）

7.12〜20　接種会場一覧（令和3年7月12日16:00現在）（7月13日16:00現在）（7月14日16:00現在）（7月15日1600現在）（7月16日16:00現在）（7月19日16:00現在）（7月20日16:00現在）

7.21　新型コロナウイルス感染予防接種証明書について（周知）。接種会場一覧（令和3年7月21日16:00現在）

第Ⅵ期B（迷走期②）2021年9月30日まで

2021.7.27　7月26日週に「大学拠点接種」を開始する大学の状況について（7月26日（月）12:00時点）。接種会場一覧（令和3年7月27日16:00現在）

7.29　新型コロナウイルス感染症に係る抗原簡易キットの寄附及び当該キットの学校への配布について。8月2日週に「大学拠点接種」を開始する大学の状況について（7月29日（木）12:00時点）

7.30　新型コロナウイルス感染症対策の基本的対処方針の変更等について（周知）。新型インフルエンザ等対策特別措置法に基づく緊急事態宣言等を踏まえた小学校、中学校及び高等学校等における新型コロナウイルス感染症への対応に関する留意事項について。

7.31　7月30日に決定された緊急事態宣言の区域変更及び期間延長等について。

8.3　接種会場一覧（令和3年8月3日16:00現在）。ワクチン接種が留学先から求められている今秋留学予定の高校生等の皆さんへ

8.4　接種会場一覧（令和3年8月4日16:

00 現在）。専修学校等が主体となって実施する新型コロナワクチンの職域接種の実施に当たっての留意点等について（周知）。「大学拠点接種」実施に当たっての留意点等について（周知）

8.5　接種会場一覧（令和3年8月5日16:00現在）。新型コロナウイルス感染症対策の基本的対処方針の変更等について（周知）。新型インフルエンザ等対策特別措置法に基づく緊急事態宣言等を踏まえた小学校、中学校及び高等学校等における新型コロナウイルス感染症への対応に関する留意事項について。8月9日週に「大学拠点接種」を開始する大学の状況について（8月5日（木）12:00時点）。

8.10　8月9日週に「大学拠点接種」を開始する大学の状況について（8月10日（木）12:00時点）。接種会場一覧（令和3年8月10日16:00現在）

8.11　接種会場一覧（令和3年8月11日16:00現在）

8.13　8月16日週に「大学拠点接種」を開始する大学の状況について（8月12日（木）12:00時点）

8.17　新型コロナウイルス感染症対策の基本的対処方針の変更等について（周知）。新型インフルエンザ等対策特別措置法に基づく緊急事態宣言等を踏まえた小学校、中学校及び高等学校等における新型コロナウイルス感染症への対応に関する留意事項について。

8.18　接種会場一覧（令和3年8月18日16:00現在）

8.20　8月23日週に「大学拠点接種」を開始する大学の状況について（8月19日（木）12:00時点）。小学校、中学校及び高等学校等における新学期に向けた新型コロナウイルス感染症対策の徹底等について。大学における新型コロナウイルス感染症のワクチンに関する正確な情報提供・発信の取組例

8.23　接種会場一覧（令和3年8月18日16:00現在）

8.25　新型インフルエンザ等対策特別措置法に基づく緊急事態宣言等を踏まえた小

学校、中学校及び高等学校等における新型コロナウイルス感染症への対応に関する留意事項について。新型コロナウイルス感染症対策の基本的対処方針の変更及び大学等における感染対策の徹底等について（周知）。新型コロナウイルス感染症対策の基本的対処方針の変更等について（周知）

8.27　やむを得ず学校に登校できない児童生徒等へのICTを活用した学習指導等について。学校で児童生徒等や教職員の新型コロナウイルスの感染が確認された場合の対応ガイドラインの送付について。やむを得ず学校に登校できない児童生徒へのICTを活用した学習指導等を行うためのチェックリスト。1人1台端末の活用事例のGIGAスクール構想における標準仕様について。「学びを止めない！これからの遠隔・オンライン教育」普段使いで質の高い学び・業務の効率化へ。感染症や災害の発生等の非常時にやむを得ず学校に登校できない児童生徒の学習指導について（通知）。1人1台端末の利用に当たり、保護者等との間で事前に確認・共有しておくことが望ましい主なポイント

8.30　新型コロナウイルス感染症対策に対応するための令和3年度における遠洋実習の特例の適用方針について（周知）（令和3年4月6日付）

8.31　感染拡大地域における濃厚接触者の特定等の協力について（令和3年6月17日付）。8月30日週に「大学拠点接種」を開始する大学の状況について（8月30日（木）12:00時点）

9.1　ワクチン接種が留学先から求められている今秋留学予定の高校生等の皆さんへ。留学予定者ワクチン接種支援事業について。高校生等の留学予定者のワクチン接種＆接種記録保有証明（英語）取得の流れ。留学予定者のワクチン接種＆接種記録保有証明（英語）取得の流れ。接種会場一覧（令和3年9月1日12:00現在）

9.2　新型コロナウイルス感染症と学校等における学びの保障のための取組等による

児童生徒の学習面、心理面等への影響に関する調査研究（概要）（委託先株式会社浜銀総合研究所）。新型コロナウイルス感染症に係る小中学校等の対応と現状に関する調査（第1回）。新型コロナウイルス感染症の流行期における児童の学習・生活に関する調査（第1回）（小学生用調査票）（中学生用調査票）。新型コロナウイルス感染症の流行期における生徒の学習・生活に関する保護者調査（第1回）（小学生保護者用調査票）（中学生保護者用調査票）。新型コロナウイルス感染症に係る教育委員会の対応と現状に関する調査（第1回）【都道府県】【政令指定都市・特別区、市町村】。コロナ休校時における教育委員会の対応─地域差と階層差に注目して

9.3　新型コロナウイルス感染症と学校等における学びの保障のための取組等による児童生徒の学習面、心理面等への影響に関する調査研究

9.6　8月25日に決定された緊急事態措置を実施すべき区域の拡大等について。

9.7　新型コロナウイルス感染症の影響を踏まえた新学期への対応等に関する状況調査の結果について。新型コロナウイルス感染症の影響を踏まえた職業に関する教科の実習等に関するQ&Aについて（一部更新）

9.10　現下の新型コロナウイルス感染症の影響等を踏まえた令和4年度以降の高等学校入学者選抜等における配慮について（通知）。9月13日週に「大学拠点接種」を開始する大学の状況について9月9日（木）12:00時点。新型コロナウイルス感染症対策の基本的対処方針の変更等について（周知）。新型インフルエンザ等対策特別措置法に基づく緊急事態宣言等を踏まえた小学校、中学校及び高等学校等における新型コロナウイルス感染症への対応に関する留意事項について。

9.13　新型コロナウイルス感染症等により登校できない児童生徒等の出席等の取扱いについて（周知）。9月9日に決定された緊急事態措置を実施すべき期間の延長

等について。留学予定者ワクチン接種支援事業について

9.14　地方公共団体における受験生に配慮したワクチン接種の取組事例について（情報提供）。大学・高校等の受験生に対するワクチン接種の協力について（依頼）

9.17　9月20日週に「大学拠点接種」を開始する大学の状況について（9月16日（木）12:00時点）。新型コロナウイルス感染症の影響を踏まえた新学期への対応等に関する状況調査（第2回）の結果について

9.29　9月28日に決定された緊急事態宣言等の終了について。新型インフルエンザ等対策特別措置法に基づく緊急事態宣言等の終了を踏まえた小学校、中学校及び高等学校等における新型コロナウイルス感染症への対応に関する留意事項について。新型コロナウイルス感染症対策の基本的対処方針の変更等について（周知）

9.30　大学拠点接種等による新型コロナウイルスワクチン接種状況について。令和3年度後期の大学等における授業の実施と新型コロナウイルス感染症への対策等に係る留意事項について（周知）。10月4日週に「大学拠点接種」を開始する大学の状況について9月30日（木）12:00時点

第Ⅶ期（オミクロン期）2023年6月まで

2021.10.1　現下の新型コロナウイルス感染症の影響を踏まえた令和4年度の高等学校入学者選抜等における調査書の取扱いについて（通知）。新型コロナウイルス感染症対策の基本的対処方針の変更等について（周知）。令和3年度後期の専門学校等における授業の実施と新型コロナウイルス感染症への対策等に係る留意事項について（周知）

10.5　現下の新型コロナウイルス感染症の影響を踏まえた令和4年度専門学校入学者選抜における調査書の取扱いについて（周知）

10.14　専門学校が主体となって実施する職域接種における「新型コロナウイルス感

染症緊急包括支援交付金（医療分）大学拠点接種に係る地域貢献の基準」の策定について（通知）。博物館における新型コロナウイルス感染拡大予防ガイドライン

10.15　劇場、音楽堂等における新型コロナウイルス感染拡大予防ガイドライン改定版

10.19　「公民館における新型コロナウイルス感染拡大予防ガイドライン」の改訂について（ver.04）。新型コロナウイルス感染症拡大防止対策下における学校図書館の活動ガイドライン。図書館における新型コロナウイルス感染拡大予防ガイドライン

10.21　クラシック音楽公演における新型コロナウイルス感染拡大予防ガイドライン

10.28　「新型コロナウイルス感染症緊急包括支援交付金（医療分）大学拠点接種に係る地域貢献の基準」の改訂について（通知）

11.5　大学等における私費外国人留学生の入国再開について（周知）（私費外国人留学生の「水際対策に係る新たな措置（19）」について）

11.8　高等学校等における私費外国人留学生の入国再開について（周知）。専修学校等における私費外国人留学生の入国再開について（周知）

11.12　留学生が新たな入国者管理制度を利用して入国する場合に関するよくあるご質問（11月12日現在）

11.19　大学等における令和3年度後期の授業の実施方針等に関する調査及び学生への支援状況・学生の修学状況等に関する調査の結果について（周知）。新型コロナウイルス感染症対策の基本的対処方針の決定等について（周知）。令和3年度後期の大学等における授業の実施方針等について。新型コロナウイルスの影響を受けた専門学校の生徒への支援状況等に関する調査

11.22　新たな「新型コロナウイルス感染症対策の基本的対処方針」の決定について。「学校における新型コロナウイルス感染症に関する衛生管理マニュアル～『学校の新しい生活様式』～」の改訂について。「新型コロナウイルス感染症対策の基本的対処方針」の決定等について。学校における新型コロナウイルス感染症に関する衛生管理マニュアル～「学校の新しい生活様式」～（2021.11.22 Ver.7）。緊急事態措置区域及び重点措置区域での専門学校等の部活動・課外活動における感染リスクの高い活動の制限又は自粛の緩和について（周知）。緊急事態措置区域及び重点措置区域での大学等の部活動・課外活動における感染リスクの高い活動の制限又は自粛の緩和について（周知）

11.25　「大学拠点接種」での追加接種実施に当たっての留意点等について（周知）

11.30　オミクロン株に対する水際措置の強化について（周知）

12.1　オミクロン株に対する水際措置の強化に伴う専門学校における入試の受験を目的とする外国人入学志願者の入国について（周知）

12.7　「舞台芸術公演における新型コロナウイルス感染予防対策ガイドライン（第四版）」（2021年10月21日改定）。ロケ撮影支援における新型コロナウイルス感染予防対策ガイドライン。動物園・水族館における新型コロナウイルス感染対策ガイドライン（改訂第4版）

12.10　「学校における新型コロナウイルス感染症に関する衛生管理マニュアル～「学校の新しい生活様式」～（2021.11.22 Ver.7）」の一部修正について

12.28　新型コロナウイルス感染症に対応した令和4年度高等学校入学者選抜等の実施について（通知）。令和4年度大学入学者選抜に係る新型コロナウイルス感染症に対応した試験実施のガイドラインの一部再改訂について（通知）。新型コロナウイルス感染症に対応した令和4年度専門学校入学者選抜の実施について（通知）

2022.1.7　新型コロナウイルスの懸念される変異株、オミクロン株に対応した学校における感染症対策に係る留意事項について。令和4年度大学入学者選抜実施要項（令和3年6月4日）に関するQ&A

216

方針の変更及び大学等における感染対策の徹底等について（周知）

2.21 新型コロナウイルス感染症に係る予防接種の幼児児童生徒に対する実施についての学校等における考え方及び留意点等について

3.1 新型コロナウイルス感染症への対応を踏まえた令和4年度卒業・修了予定者等の就職・採用活動に関する要請について（周知）。学校保健安全法に基づく児童生徒等の健康診断の実施等に係る対応について。学生の修学状況（中退者・休学者）に関する調査（令和3年12月末時点）。専門学校生の修学状況（中退者・休学者）に関する調査（令和3年12月末時点）

3.2 令和4年3月以降の外国人留学生の新規入国の緩和措置について

3.3 外国人留学生の学修機会の確保及び交換留学プログラムの実施等について（依頼）

3.4 「新型コロナウイルス感染症対策の基本的対処方針」の変更等について。新型コロナウイルス感染症の影響による臨時休業状況調査の結果について。新型コロナウイルス感染症対策の基本的対処方針の変更及び専門学校等における感染対策の徹底等について（周知）。新型コロナウイルス感染症対策の基本的対処方針の変更及び大学等における感染対策の徹底等について（周知）

3.9 専修学校等が主体となって実施する職域接種の追加接種実施に当たっての留意点等について（その2）

3.16 保育所、幼稚園、小学校等の職員である濃厚接触者に対する外出自粛要請への対応について

3.17 「新型コロナウイルス感染症対策の基本的対処方針」の変更等について。学校で児童生徒等や教職員の新型コロナウイルスの感染が確認された場合の対応ガイドラインのオミクロン株に対応した運用に当たっての留意事項について（更新）。新型コロナウイルス感染症対策の基本的対処方針の変更及び濃厚接触者の特定に係る取扱いの変更等について（周知）。オミクロン株が主流である間の当該株の特徴を踏まえた濃厚接触者の特定及び行動制限並びに積極的疫学調査の実施に伴う学校に関する対応について

3.18 新型コロナウイルス感染症の影響による臨時休業状況調査の結果について。新型コロナウイルス感染症の影響による臨時休業期間中の学習指導等に関する調査〈結果〉。新型コロナウイルス感染症の影響によりやむを得ず学校に登校できない児童生徒の学習保障についての取組事例。幼稚園等再開後の取組事例集

3.22 令和4年度の専門学校等における学修者本位の授業の実施と新型コロナウイルス感染症への対策の徹底等に係る留意事項について（周知）。令和4年度の大学等における学修者本位の授業の実施と新型コロナウイルス感染症への対策の徹底等に係る留意事項について（周知）

3.25 経済的理由により修学困難な学生等に対する支援策の周知等について（通知）。オミクロン株が主流である間の当該株の特徴を踏まえた濃厚接触者の特定及び行動制限並びに積極的疫学調査の実施に伴う学校に関する対応について（更新）

4.1 新型コロナウイルス感染症に対応した持続的な学校運営のためのガイドラインの改訂について（通知）。「学校における新型コロナウイルス感染症に関する衛生管理マニュアル〜『学校の新しい生活様式』〜」（2022.4.1 Ver.8）の改訂について

4.4 都道府県の大規模接種会場等における専修学校単位での団体接種の実施について（依頼）

4.5 令和4年度における新型コロナウイルス感染症対応地方創生臨時交付金の取扱について

4.12 都道府県の大規模接種会場等における専門学校単位での団体接種の実施について（その2）（依頼）

4.14 新型コロナウイルス感染症の発生に伴う医療関係職種等の各学校、養成所、養成施設の対応及び実習施設への周知事項について

策の徹底等について（周知）。新型コロナ
ウイルス感染症対策の基本的対処方針の
変更等及び大学等における感染対策の徹
底等について（周知）

9.12　物価高騰等に対応した学校給食費の
保護者負担軽減について

9.13　新型コロナウイルス感染症の影響に
よる公立学校臨時休業状況調査の結果に
ついて

9.22　「大学拠点接種」での追加接種（オミ
クロン株対応）実施に当たっての留意点
等について（周知）

9.29　専修学校等が主体となって実施する
職域接種の追加接種（オミクロン株対
応）実施に当たっての留意点等について
（周知）

10.7　都道府県の大規模接種会場等におけ
る大学等単位での団体接種の実施に当た
っての経費の支援等について（その4）
（周知）

10.14　新型コロナウイルス感染症の影響に
よる公立学校臨時休業状況調査の結果に
ついて

10.19　新型コロナウイルス感染症と季節性
インフルエンザの同時流行も見据えた今
後の感染対策について。マスクの着用に
関するリーフレットについて（更なる周
知のお願い）

10.25　生後6か月以上4歳以下の者に対す
る新型コロナウイルス感染症に係る予防
接種の実施に係る周知等について

11.11　教職員のオミクロン株対応ワクチン
の接種促進のための更なる取組推進につ
いて（依頼）

11.15　新型コロナウイルス感染症の影響に
よる公立学校臨時休業状況調査の結果に
ついて

11.18　オミクロン株対応ワクチンの接種に
関する児童生徒や保護者への情報提供に
ついて

11.28　新型コロナウイルス感染症対策の基
本的対処方針の変更及び大学等における
感染対策の徹底等について（周知）

11.29　「新型コロナウイルス感染症対策の
基本的対処方針」の変更等について。新
型コロナウイルス感染症対策の基本的対
処方針の変更及び専門学校等における感
染対策の徹底等について（周知）。大学等
における令和4年度後期の授業の実施方
針等に関する調査の結果について（周知）

11.30　「新型コロナウイルス感染症緊急包
括支援交付金（医療分）大学拠点接種
（オミクロン株対応）に係る地域貢献の基
準」の策定について（通知）

12.1　公民館における新型コロナウイルス
感染拡大予防ガイドライン ver06（令和
4年11月30日改定）

12.9　令和5年度専門学校入学者選抜につ
いて（周知）

12.13　「年末年始の感染対策についての考
え方」について。新型コロナウイルス感
染症の影響による公立学校臨時休業状況
調査の結果について

2023.2.10　卒業式におけるマスクの取扱い
に関する基本的な考え方について（通知）

3.17　新学期以降の学校におけるマスク着
用の考え方の見直し等について（通知）

4.28　新型コロナウイルス感染症の5類感
染症への移行後の学校教育活動について
（周知）。学校で児童生徒等や教職員の新
型コロナウイルスの感染が確認された場
合の対応ガイドライン令和5年5月改訂
版。学校保健安全法施行規則の一部を改
正する省令の施行について（通知）。5類
感染症への移行後の学校における新型コ
ロナウイルス感染症対策について（通知）

6.16　今後の高等学校入学者選抜等におけ
る新型コロナウイルス感染症の影響等を
踏まえた配慮等について（通知）

出所：文部科学省ウェブサイトより朝岡幸彦、福永百合、岩松真紀作成。

資料 4　東京都内陽性者数の推移と都の対策のステージ

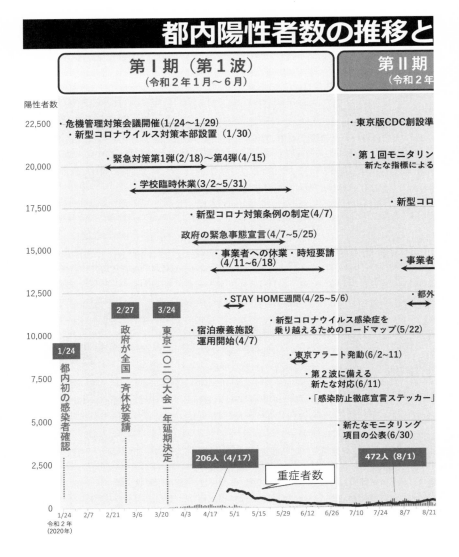

都の対策のステージ

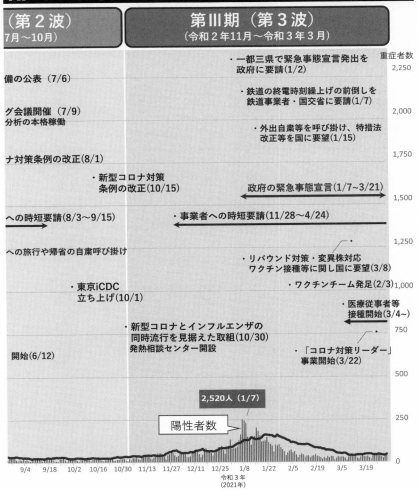

（第2波） 7月〜10月）	**第Ⅲ期（第3波）** （令和2年11月〜令和3年3月）

・一都三県で緊急事態宣言発出を
　政府に要請（1/2）

重症者数
2,250

備の公表（7/6）

・鉄道の終電時刻繰上げの前倒しを
　鉄道事業者・国交省に要請（1/7）

2,000

グ会議開催（7/9）
分析の本格稼働

・外出自粛等を呼び掛け、特措法
　改正等を国に要望（1/15）

1,750

ナ対策条例の改正（8/1）

・新型コロナ対策
　条例の改正（10/15）

政府の緊急事態宣言（1/7〜3/21）

1,500

への時短要請（8/3〜9/15）

・事業者への時短要請（11/28〜4/24）

1,250

への旅行や帰省の自粛呼び掛け

・リバウンド対策・変異株対応
　ワクチン接種等に関し国に要望（3/8）

・東京iCDC
　立ち上げ（10/1）

・ワクチンチーム発足（2/3）1,000

・医療従事者等
　接種開始（3/4〜）

・新型コロナとインフルエンザの
　同時流行を見据えた取組（10/30）
　発熱相談センター開設

750

開始（6/12）

・「コロナ対策リーダー」
　事業開始（3/22）

500

2,520人（1/7）

陽性者数

250

0

9/4　9/18　10/2　10/16　10/30　11/13　11/27　12/11　12/25　1/8　1/22　2/5　2/19　3/5　3/19

令和3年
（2021年）

都内陽性者数の推移と

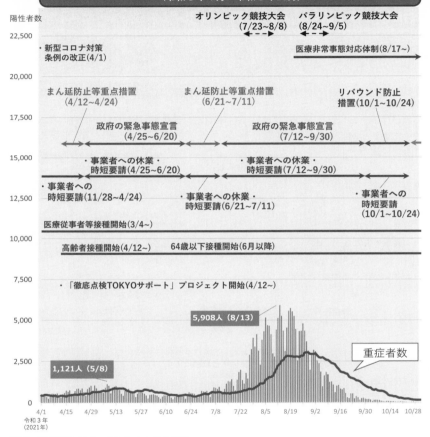

第IV期（第4・5波）
（令和3年4月～令和3年10月）

陽性者数

22,500

・新型コロナ対策
　条例の改正(4/1)

オリンピック競技大会
(7/23~8/8)

パラリンピック競技大会
(8/24~9/5)

医療非常事態対応体制(8/17~)

20,000

まん延防止等重点措置
(4/12~4/24)

まん延防止等重点措置
(6/21~7/11)

リバウンド防止
措置(10/1~10/24)

17,500

政府の緊急事態宣言
(4/25~6/20)

政府の緊急事態宣言
(7/12~9/30)

15,000

・事業者への休業・
時短要請(4/25~6/20)

・事業者への休業・
時短要請(7/12~9/30)

12,500

・事業者への
時短要請(11/28~4/24)

・事業者への休業・
時短要請(6/21~7/11)

・事業者への
時短要請
(10/1~10/24)

医療従事者等接種開始(3/4~)

10,000

高齢者接種開始(4/12~)　64歳以下接種開始(6月以降)

7,500

・「徹底点検TOKYOサポート」プロジェクト開始(4/12~)

5,000

5,908人（8/13）

2,500

1,121人（5/8）

重症者数

0

4/1　4/15　4/29　5/13　5/27　6/10　6/24　7/8　7/22　8/5　8/19　9/2　9/16　9/30　10/14　10/28
令和3年
(2021年)

出所：東京都公式ポータルサイトより抜粋。

都の対策のステージ

第Ⅴ期（第6波）
（令和3年11月〜）

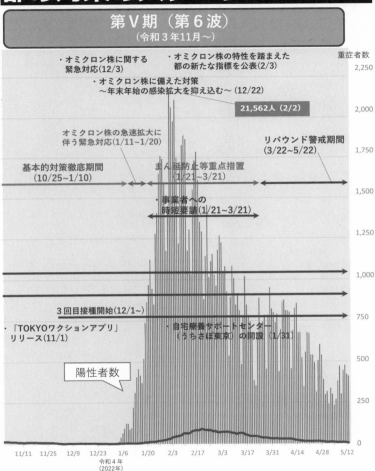

- オミクロン株に関する緊急対応(12/3)
- オミクロン株の特性を踏まえた都の新たな指標を公表(2/3)
- オミクロン株に備えた対策〜年末年始の感染拡大を抑え込む〜 (12/22)
- オミクロン株の急速拡大に伴う緊急対応(1/11〜1/20)
- 基本的対策徹底期間(10/25〜1/10)
- まん延防止等重点措置(1/21〜3/21)
- リバウンド警戒期間(3/22〜5/22)
- 事業者への時短要請(1/21〜3/21)
- 3回目接種開始(12/1〜)
- 「TOKYOワクションアプリ」リリース(11/1)
- 自宅療養サポートセンター（うちさぽ東京）の開設（1/31)

21,562人（2/2）

重症者数
2,250
2,000
1,750
1,500
1,250
1,000
750
500
250
0

陽性者数

11/11 11/25 12/9 12/23 1/6 1/20 2/3 2/17 3/3 3/17 3/31 4/14 4/28 5/12
令和4年
(2022年)

資料4　東京都内陽性者数の推移と都の対策ステージ　　223

資料5　C市立α小学校沿革史（新型コロナ関連部分）

年月日	学校沿革史	学校日誌（記事）
2020.3.2（月）	新型コロナウイルス感染症拡大防止措置による臨時休校（全国的）（〜3月24日まで　その後、3月31日まで延長）	新型コロナウイルス感染拡大防止に伴う「臨時休校」／臨時校長会
3.5（木）	一斉家庭訪問（安否確認・課題の追加配布）／進級認定会（5年生）	
3.6（金）	進級認定会（4年生）	
3.9（月）		PC入れ替え作業（午後）／愛育会新旧役員引継会
3.10（火）		中学校引継（α中進学生徒）／ドリーム面談／PJ部会／事務共同実施
3.11（水）		企画委員会9:00〜／職員打合せ13:15
3.12（木）	保護者荷物受取日①（15時〜18時）	1の2Uケース会議10:00〜
3.13（金）	保護者荷物受取日②（15時〜18時）	運営委員会／ピアノ調律
3.16（月）	保護者荷物受取日③（15時〜18時）	
3.17（火）	5年家庭訪問	家庭訪問②
3.18（水）		4校時まで学習／サポート問題配信日／学年教材費・積立費会計監査15:30〜16:45
3.19（木）	卒業式準備	
3.23（月）	給食費返金準備／卒業式リハーサル	
3.24（火）	第73卒業証書「授与式（卒業生・保護者・職員のみ）／通知表・給食費等／保護者受取日	
3.25（水）	通知表・給食費等　保護者受取日	要録点検／机椅子、物品移動作業／職員昼食会12:00〜（教務室）
3.26（木）		文書整理／校務分掌引継ぎ／残務整理／要録修正
3.31（火）	辞令交付	
4.1（水）		学年始休業／職員朝会、顔合わせ8:15〜8:30／職員会議9:00〜10:40／学年会11:00〜11:45／歓迎昼食会12:00〜12:50／職員

		会議 13:30～15:00／企画委員会、学年会 16:00～16:45
4.2(木)		学年始休業／職員朝会 8:15～8:30／PJ 部会 8:30～10:00／学年学級事務。午後／職員研修 13:30～14:30 テーマ「学級開き」
4.3(金)		年度始休業／職員朝会 8:15～8:30／PJ 部会 8:30～10:00／学年学級事務。午後／職員会議③ 8:45～10:15
4.7(火)	新任式／第 1 学期始業式（校内放送にて）／愛育会本部役員会	新任式（放送）8:30～9:00／始業式（放送）9:00～9:25／2 限 9:30～／3 限 9:50～学級指導／臨時町内子ども会 10:45～11:05／学級終会 11:10～／児童下校時刻 11:45（6 年以外）／6 年児童昼食（弁当持参）14:45／入学式準備作業 13:00～14:30（点検 14:45）／職員連絡会 15:30／愛育会本部役員会 19:00～／事務共同実施打合 15:30～（α小会議室）
4.8(水)	入学式（76 名入学）来賓なし・保護者 105 名来校／給食開始（2 年生以上）	2～6 学年　4 限授業／入学式（入学生 74 名）9:50～（欠席 2 名）　受付 9:10～9:30 新一年生指導 9:30～9:45 在校生移動完了 9:45　新一年生移動 9:55 来賓移動（会議室・校長室）9:55／2 年生以上給食開始／在校生下校時刻 13:30
4.9(木)	1 年生下校指導開始（～17 日）	1 年生登校班で初登校／1 年生下校指導開始（3 限）／全校 5 限放課／新清掃班長指導
4.10(金)	給食開始（1 年）	視力検査（1、2、3 年）／共同事務実施
4.13(月)	C 市転入・新採用教職員面識会（中止）	防火扉通過訓練①／企画委員会 15:15～16:00／3、5 年発育測定／外国語活動／mim 研修 16:00～／1 年生給食開始／図書貸出スタート
4.14(火)		事務共同実施／1、2 年発育測定／町内会長指導／学年主任会／外国語　3、5 年／面談 2-3、3-F 父
4.15(水)		PJ 部会／4、6 年発育測定／代表委員会
4.16(木)	新型コロナウイルス感染拡大により、政府が緊急事態宣言を全国へ拡大（夕方）	委員会／青空タイム（各教室）／フラワータイム／出入教開始　☆緊急事態宣言を全国へ拡大　夕方、政府が発表
4.17(金)	愛育会評議員会を書面議決へ変更／全国学力状況調査（中止）	新清掃班開始／愛育会評議員委員会→書面議決／出入教開始　＊所属専門部は連休明けに決定する。
4.20(月)	町内子ども会（5 校時）／集団下校	企画委員会／町内子ども会　集団下校／外国語活動／職員連絡会 16:15～　◎4/20 付 C 市教育委員会通知を受けて、休校日程等の文書配布
4.21(火)	知能検査（2・4・6 年）	ちょっと聞かせてアンケート（実施→22・

		23面談）／低学年外国語活動打合せ／2限知能検査（2、4、6年）／外国語活動（4の1、4の2）
4.22（水）	自転車教室・交通安全教室今年度中止	尿検査配布／学年会16:00〜／事務共同実施
4.23（木）	1年生を迎える会を1年生を迎えるイベントとして変更（6年・1年ペアで移動）	1年生を迎えるイベント／尿検査回収／職員連絡会／委員会
4.24（金）	避難訓練（雨天のため、放送で校長指導）	尿検査予備日／避難訓練3限（行1）→雨天のため、明日から休校のため　放送で校長指導、非常ベル／4月25日（土）〜5月10日　新型コロナウイルスのため臨時休業※学校携帯スタート
4.25（土）	新型コロナウイルス感染拡大により、〜5月10日（日）まで臨時休校／学校携帯開設	臨時休業日
4.26（日）		臨時休業日
4.27（月）		臨時休業日（学童8:30〜15:00）／子どもを語る会（特支関係）／校内研修の概要／通知表評価基準作成説明／教員評価研修10:00〜
4.28（火）		臨時休業日（学童8:30〜15:00）／市教協協議会（校内）9:00〜
4.29（水）		臨時休業
4.30（木）	家庭訪問①	臨時休業日（学童8:30〜15:00）／家庭訪問①
5.1（金）	家庭訪問②	臨時休業日（学童8:30〜15:00）／安全点検最終日／家庭訪問②
5.2（土）		臨時休業日
5.7（木）	愛育会臨時役員会（愛育会の今後に動きを確認）／Sコミュニティ4名学校花壇を工作、畑・マルチ職員作業／愛育会環境整備作業（130名参加）	臨時休業日（学童8:30〜15:00）／学年主任会／命と安全の日／愛育会本部役員会／畑、花壇マルチ
5.8（金）		臨時休業日（学童8:30〜15:00）／畑、花壇マルチ予備日
5.11（月）	臨時休校延長／全校登校日／ミニ町内子ども会（分散登校の確認）／4限短縮放課	臨時休業日延長／全校登校日（4限給食下校13:30）／企画委員会／心臓検診（1年）／ミニ町内子ども会12:45〜／短縮4限
5.12（火）	分散登校（2・4・5年）	臨時休業中の分散登校（2、4、5年）※1、3年預かり／事務共同実施／PJ部会
5.13（水）	分散登校（1・3・6年）／フ	臨時休業中の分散登校（1、3、6年）※2年

日付		
	ラワータイム	預かり／フラワータイム／学年会／街頭指導
5.14（木）	分散登校（2・4・5年）／5年学校田田植え（JA協力）／遠足下見（6・3・1年）	臨時休業中の分散登校（2、4、5年）※1、3年預かり／田植え（5年）／尿検査二次提出／1の2SK面談／遠足下見（6年、3年、1年）
5.15（金）	分散登校（1・3・6年）／遠足下見（6・3・1年）	臨時休業中の分散登校日（1、3、6年）※2年預かり／連絡会／2、4、5遠足下見
5.18（月）	全校通常登校開始	全校通常登校開始／企画委員会／消防施設点検／学年部、専門部
5.19（火）	スクールカウンセラー本年度来校開始（年8回）	スクールカウンセラー来校／事務共同実施／初任研S勤務校研修（生徒指導研修）／フッ素洗口
5.20（水）	3年校外学習（社会科町探検　クラスごとに分散実施）	校外学習（3の1社会科町探検）／学年会
5.21（木）	2年、学習室1・2／校外学習（1・6の市で野菜の苗購入）	校外学習（2年、学1・2／一・六の市苗購入）（3の3社会科町探検）／委員会、学年主任会／保護者面談（2の1）
5.22（金）		校外学習（3の2社会科町探検）／連絡会／愛児園職員との面談／学5支援会議
5.25（月）	新型コロナウイルス対策を講じながら学校開放を再開	全体研修15:30〜教科グループ編成／学校開放再開／朝のあいさつ運動（児童会運営委員会）
5.26（火）	校内研修において「県義務教育課からの施策方針説明会」実施〈校長プレゼン〉	6年生集合写真撮影（卒業アルバム）／事務共同実施／校内研修　校長より（県義務教施策方針説明）
5.27（水）		学年会／5年MS保護者面談
5.28（木）	第1回学校運営協議会　午後3時半（学校経営方針、コロナ禍の教育活動）	クラブ／生活目標について（放送、プレゼン）／伝統教室整備委員会15:00〜／学校運営協議会16:00〜／第2あすなろ児童避難訓練
5.29（金）		連絡会16:15〜／2の1保護者面談SU／愛児園面談
6.1（月）		企画委員会／校内研修（特別支援教育）16:00〜16:45

出所：学校沿革史等より朝岡幸彦作成。

＊本文146頁を参照。

執筆者（執筆分担順）

朝岡幸彦（あさおか　ゆきひこ）東京農工大学教授、共生社会システム学会会長
水谷哲也（みずたに　てつや）
東京農工大学教授、東京農工大学感染症未来疫学研究センター長
岡田知弘（おかだ　ともひろ）京都橘大学教授、京都大学名誉教授
秦　範子（はた　のりこ）都留文科大学非常勤講師、日本環境教育学会副会長
福永百合（ふくなが　ゆり）中央大学附属高校非常勤講師
酒井佑輔（さかい　ゆうすけ）鹿児島大学准教授
石山雄貴（いしやま　ゆうき）鳥取大学准教授
榎本弘行（えのもと　ひろゆき）東京農工大学准教授
李　　聡（り　そう）東京農工大学大学院
伊東静一（いとう　せいいち）東京学芸大学非常勤講師、元福生市公民館館長
増本佐千子（ますもと　さちこ）
東京農工大学大学院、元国分寺市立恋ヶ窪公民館館長
岩松真紀（いわまつ　まき）明治大学非常勤講師
河村幸子（かわむら　さちこ）了徳寺大学非常勤講師、元千葉県小学校教員
田開寛太郎（たびらき　かんたろう）松本大学講師
中澤朋代（なかざわ　ともよ）
松本大学准教授、日本エコツーリズムセンター共同代表理事
大倉　茂（おおくら　しげる）東京農工大学講師
今井啓博（いまい　たかひろ）東京農工大学大学院

228

編著者

朝岡幸彦（あさおか　ゆきひこ）
東京農工大学教授、共生社会システム学会会長
著書等　『動物園と水族館の教育』（編著、学文社）、『社会教育・生涯学習入門』
（編著、人言洞）、『学校一斉休校は正しかったのか―検証・新型コロナと教育』
（編著、筑波書房）、『「学び」をとめない自治体の教育行政　コロナと自治体5』
（編著、自治体研究社）など。

水谷哲也（みずたに　てつや）
東京農工大学教授、東京農工大学感染症未来疫学研究センター長
著書等　『学校一斉休校は正しかったのか―検証・新型コロナと教育』（編著、筑
波書房）、『新型コロナ超入門 次波を乗り切る正しい知識』（東京化学同人）など。

岡田知弘（おかだ　ともひろ）
京都橘大学教授、京都大学名誉教授
著書等　『デジタル化と地方自治　自治体 DX と「新しい資本主義」の虚妄』（共
著、自治体研究社）、『わたしたちの地方自治　自治体を主権者のものに』（自治体
研究社）、『コロナと地域経済　コロナと自治体4』（編著、自治体研究社）、『地域
づくりの経済学入門　増補改訂版』（自治体研究社）など。

感染症と教育
——私たちは新型コロナから何を学んだのか

2024 年 3 月 1 日　　初版第 1 刷発行

編著者　朝岡幸彦・水谷哲也・岡田知弘

発行者　長平　弘

発行所　株式会社 自治体研究社
　　　　〒162-8512 東京都新宿区矢来町 123 矢来ビル 4F
　　　　TEL：03・3235・5941／FAX：03・3235・5933
　　　　http://www.jichiken.jp/
　　　　E-Mail：info@jichiken.jp

ISBN978-4-88037-760-5 C0036

印刷所・製本所：モリモト印刷株式会社
DTP：赤塚　修